A mí me ha funcionado...

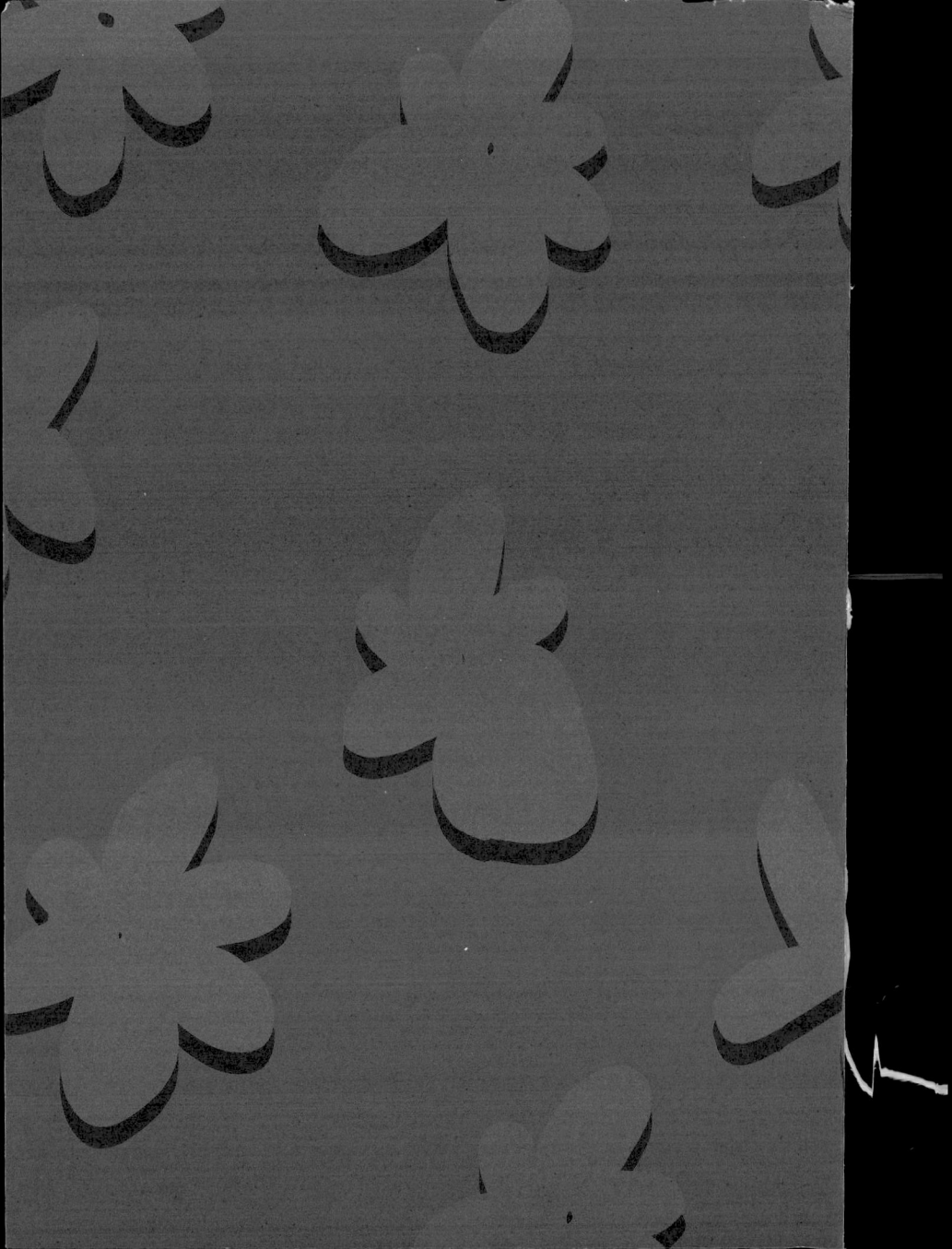

A mí me ha funcionado...
1001 consejos para el embarazo

Michelle Kennedy

Ilustraciones de Maddy McClellan

Primera edición en español publicada por
Océano Ámbar, por acuerdo con
the Ivy Press Limited

© THE IVY PRESS LIMITED, 2004
© Editorial Océano, S.L., 2004
GRUPO OCÉANO
Milanesat, 21-23 – 08017 Barcelona
Tel.: 93 280 20 20* – Fax: 93 203 17 91

www.oceano.com

Derechos exclusivos de edición en español
para todos los países del mundo.

Queda rigurosamente prohibida, sin la autorización escrita de los titulares
del copyright, bajo las sanciones establecidas en las leyes, la reproducción
parcial o total de esta obra por cualquier medio o procedimiento,
comprendidos la reprografía y el tratamiento informático, así como
la distribución de ejemplares mediante alquiler o préstamo público.

ISBN: 84-7556-356-2

This book fue creado, diseñado y producido por
THE IVY PRESS LIMITED
The Old Candlemakers
West Street, Lewes
East Sussex, BN7 2NZ, U.K.

Director creativo *Peter Bridgewater*
Publisher *Sophie Collins*
Director Editorial *Jason Hook*
Diseño *Tony Seddon*
Editora Jefe *Rebecca Saraceno*
Editora *Mandy Greenfield*
Maquetación *Tonwen Jones*
Illustrador *Maddy McClellan*
Traducción: *Roser Soms Tramujas*
Edición en español: *Esther Sanz*

Impreso en China
9 8 7 6 5 4 3 2 1

Sumario

6 Introducción

10 Consejos con garantía

12 Mareos matinales y Otras molestias

64 Ejercicio

114 Alimentación

164 Vestido

218 Temas de salud

268 Segundo trimestre

312 Tercer trimestre

362 El parto

422 El recién nacido

472 Glosario

474 Direcciones de interés

476 Índice

480 Agradecimientos

Introducción

¡Enhorabuena! Estás embarazada... o tal vez planeas quedarte en estado. Debes saber que es un viaje alucinante y a veces duro. Quedarse embarazada por primera vez (o segunda o tercera...) es toda una aventura, una experiencia que jamás olvidarás. No te creas a las personas que dicen que el embarazo es algo trivial y de lo más corriente, sólo porque las mujeres han pasado por él durante millones de años. Es una verdadera aventura: traer una nueva vida al mundo es algo extraordinario.

Desde el momento en que descubres que estás en estado hasta que tienes al bebé, y también después del nacimiento, te haces muchas preguntas. De hecho, si te ocurre como a mí, te van a asaltar interrogantes de cualquier índole: «¿Qué será esto que siento?», «¿Es normal?», «¿Cómo puede ser que una cabeza salga por ahí?»

Casi todas las futuras madres tienen amigos y familiares a su alrededor que les van a apoyar durante la gestación; muchas también son madres a su vez y ya han pasado por ello. Además, es importante que cuentes con una buena asistencia sanitaria, en la que puedas confiar, porque tendrá que acompañarte en este largo viaje. Pero un libro como el que tienes entre las manos también cubre otra necesidad, porque puedes recurrir a él cuando te asalten preguntas curiosas como «¿Por qué voy tan a menudo al lavabo?», o cuando necesites los consejos de alguien que no

sea tu madre ni tu suegra y que haya pasado por ello, y todavía mejor si ha sido recientemente. Estos *1001 consejos para el embarazo* han sido útiles a cientos de madres que se han sentido exactamente como tú y que han superado su embarazo rebosantes de salud y felicidad.

Hay muchos colectivos a los que las futuras madres pueden unirse. En este sentido, lo que más me sorprende de las mujeres es su capacidad de confiarse a desconocidas que están en su misma situación para informarles de todos los detalles de su embarazo y parto, sólo unos minutos después de conocerse. La embarazada se encuentra a mujeres completamente desconocidas que se le acercan para contarle si les pusieron o no la epidural o si el ardor de estómago que sentían era especialmente intenso.

El mundo de las madres es de una locura increíble, pero también muy divertido, y es el más importante al que nunca habrás pertenecido, porque ser madre será lo más importante que habrás hecho nunca. Así que... ¡adelante! Te invitamos a leer los consejos de este libro, a aprender y disfrutar.

MICHELLE KENNEDY
2004

a mí me ha funcionado...

Consejos con garantía

Durante la lectura de este libro deberías tener presentes los siguientes consejos generales:

🤚 Aunque la fitoterapia (conocimiento y empleo de las plantas medicinales) es la medicina más antigua y en general se considera que no ofrece ningún riesgo, pueden tener efectos desconocidos sobre el embarazo o el parto y podrían interferir en la medicación prescrita por el médico o tener consecuencias potencialmente graves para el feto. Por ello, las mujeres embarazadas que deseen acudir a la consulta de un fitoterapeuta deberían escoger a uno que perteneciera a una asociación de profesionales de reconocido prestigio (por ejemplo, la Asociación Española de Fitoterapia, SEFIT; o la Asociación Española de Fitoterapia y Nutrición Responsable, AFINUR, y a la vez informar de ello a su médico.

🤚 La aromaterapia se basa en la utilización de los aceites esenciales extraídos de diferentes partes de las plantas. Estos aceites son muy concentrados y, si se usan correctamente, la mayoría no ofrecen ningún peligro; sin embargo, el uso de algunos conlleva riesgos y

a mí me ha funcionado...

pueden ser peligrosos para el embarazo, por lo que las mujeres encintas deberían consultar a un aromaterapeuta cualificado.

🖐 La homeopatía utiliza dosis mínimas de ciertas sustancias para estimular las defensas naturales del organismo basándose en la ley de la similitud para tratar las dolencias. Aunque los remedios homeopáticos suelen ser inocuos, las embarazadas deben consultar con un homeópata titulado.

🖐 Quienes tengan un historial familiar de atopia (hipersensibilidad y tendencia hereditaria a una reacción alérgica) por la ingestión de frutos secos deben comentarlo al médico antes de tomar este alimento, debido al riesgo de que el feto desarrolle una alergia.

🖐 Las embarazadas que siguen una dieta vegetariana equilibrada que incluya leche, huevos, suficientes calorías y fuentes adecuadas de hierro de origen no cárnico deberían tener cubiertas con ella sus necesidades nutricionales, aunque puede que necesiten tomar suplementos a base de vitaminas y minerales. Las veganas también podrían precisar suplementos de calcio, hierro y vitamina B12.

A mí me ha funcionado...

Mareos matinales y otras molestias

Debió de ser un hombre el que se inventó el nombre de «mareos matinales», porque estoy segura de que no experimentó aquellas náuseas que yo sentía a todas horas del día, provocadas por el simple olor a comida, del tipo que fuese. Además, al contrario de lo que afirma la creencia popular, los mareos matinales no cesan a los tres meses, y a veces ni tan siquiera a los cuatro. Aunque la mayoría de las mujeres dejan de sentir náuseas poco después de cumplir el tercer trimestre, otras menos afortunadas no dejan de sufrirlas hasta que nace el niño.
Mientras te entretienes probando todo tipo de experimentos para adivinar el sexo del niño (yo intenté averiguarlo con el anillo de boda suspendido de una cadena sobre el vientre; decían que si se ponía a dar vueltas sobre sí mismo, era una niña), puedes hojear este libro para

Mareos matinales

enterarte de los trucos que muchas madres han usado para acabar con estas sensaciones de mareo. Ahora bien, puesto que las náuseas no son la única molestia que vas a sentir durante los nueve meses siguientes (puedes padecer igualmente estreñimiento, calambres en las piernas, dolor de espalda, problemas de vejiga y otros «divertimentos» por el estilo), también hemos incluido soluciones para otros malestares. En resumidas cuentas, olvida el temor a hablar de estos temas y prosigue con la lectura.

Mareos matinales

De camino al trabajo

Las náuseas pueden ir acompañadas o no de vómitos. En cualquiera de los dos casos, conviene que estés preparada. Una de las primeras cosas que debes considerar es la manera de ir y volver del trabajo sin problemas. Algunas mujeres notan que comer inmediatamente después de levantarse les ayuda a resistir mejor el viaje al trabajo. Respirar profundamente también puede retrasar las sensaciones de mareo. Si te sientes demasiado mareada o tienes una sensación de vértigo demasiado intensa para conducir, deberías optar por el transporte público o por compartir coche.

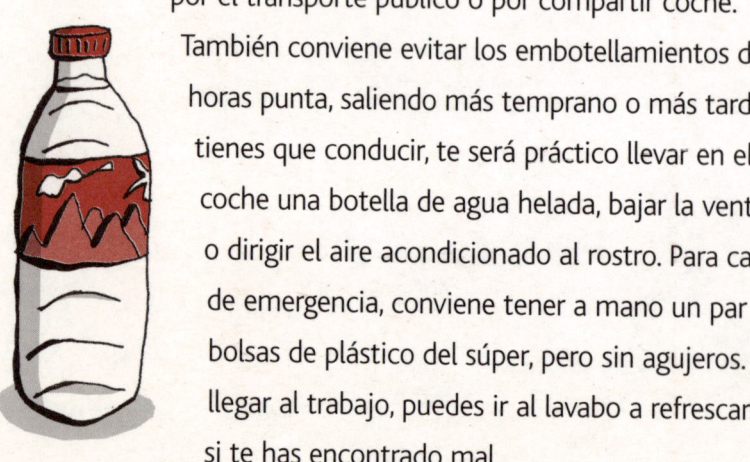

También conviene evitar los embotellamientos de las horas punta, saliendo más temprano o más tarde. Si tienes que conducir, te será práctico llevar en el coche una botella de agua helada, bajar la ventanilla o dirigir el aire acondicionado al rostro. Para casos de emergencia, conviene tener a mano un par de bolsas de plástico del súper, pero sin agujeros. Al llegar al trabajo, puedes ir al lavabo a refrescarte si te has encontrado mal.

Mareos matinales

En la oficina

Tal vez te será útil estudiar bien el camino al lavabo más cercano y tener a mano unas bolsas de plástico. Incluso puede servirte una papelera, y en las oficinas suele haber bastantes. Si tienes la suerte de tener despacho propio, puedes cerrar la puerta discretamente. Pero si trabajas en un espacio abierto, pide que te dejen entrar en un cuarto o ve a la sala del personal o a la zona de descanso. Si te pasas un pañuelo frío por el cuello y la frente también puedes aliviar las náuseas.

Mareos matinales

Aseo

Para lavarte después de un acceso de náuseas o vómitos, lleva siempre contigo un cepillo de dientes de viaje que tenga las cerdas suaves. Si el dentífrico corriente te produce náuseas, prueba con el infantil de varios sabores. Otros métodos rápidos de refrescarse la boca son los enjuagues bucales o los caramelos de menta.

Mareos matinales

Pedir ayuda

Las compañeras de oficina pueden ayudarte; por ejemplo, sustituyéndote cuando hayas de ausentarte de tu puesto de trabajo. El inconveniente es que si querías reservar la buena noticia de tu embarazo para más adelante, de esta forma es más difícil. Si pides ayuda, asegúrate de que pones tu confianza en una persona que pueda mantener tu secreto hasta que estés dispuesta a compartirlo con el resto del mundo.

Mareos matinales

Con dos dedos

Según el consejo de una madre, hay que presionar con dos dedos firme pero suavemente sobre el ombligo, durante un minuto. Esto alivia también la acidez de estómago y es un buena solución cuando todo empiece a dar vueltas. En las tiendas de náutica y en algunas farmacias venden unas pulseras contra el mareo que ejercen presión sobre determinados puntos. Además, estudios recientes demuestran que la presión en el punto pericardio 6 (o P6) proporciona un alivio rápido de las náuseas. Para encontrar este punto debes colocar la mano derecha con la palma hacia arriba y medir con la izquierda dos gruesos de pulgar hacia el codo desde la arruga más marcada del reverso del puño. El punto P6 está justo en dicha medida, alineado con el dedo medio de la mano derecha.

Mareos matinales

Menta

Oler menta tal como se presenta en aromaterapia o tomar una infusión de esta planta puede aliviar las náuseas. La menta también tiene fama de elevar los niveles de energía bajos. Para los mareos matinales, una madre nos dijo que lo único que le funcionaba era la menta. Afirmaba: «No sé por qué pero tengo un horrible sabor en la boca que me hace sentir muy mareada, y la menta me quita esa sensación tan desagradable». Masticar un chicle de menta es una buena alternativa y puede aliviar un acceso de náuseas.

Comida que sienta bien

A veces no hay nada como un buen tazón de caldo de pollo. La misma receta que preparaba la abuela cuando habíamos comido demasiadas peladillas viene ahora a nuestro auxilio para el mareo matinal. Si en tu caso no era un caldo de pollo, haz memoria de qué era lo que te curaba el malestar de pequeña; probablemente no sólo te producirá un efecto calmante, sino que además te ayudará a superar la barrera mental que a veces crean las náuseas. Después de haberlo probado todo, desde galletitas saladas a regaliz, una madre encontró el gran remedio en las patatas fritas con sal y vinagre. Puedes tenerlas a mano para picar cuando lo necesites; pero también debes beber mucha agua para compensar el exceso de sal. Otra madre nos decía: «Estuve dos semanas devolviéndolo casi todo y probando todo lo que me recomendaba la gente. Un día se me antojó ir a un restaurante japonés y tomé sopa de miso. ¡Sorpresa! Me sentó muy bien y me entró tanta hambre que me terminé los demás platos. A la mañana siguiente volví a sentir los mareos, así que me fui a la

Mareos matinales

sección de comida oriental del supermercado y compré sopa miso instantánea para comprobar mi teoría. Ahora tomo una taza de miso en ayunas y me encuentro bien el resto del día».

Mareos matinales

Cosas ácidas

Los limones y otros cítricos tienen unos efectos realmente potentes. La piel rallada de un limón o una naranja, mezclada en un vaso de agua o en una ensalada, puede mitigar rápidamente las náuseas. Si la perspectiva de tomar ensalada no te atrae, prueba a cortar un limón y olerlo; una madre nos asegura que le producía alivio. También puedes tomar té con limón o, si te atreves, chupar un trozo de limón. Sabemos de una mujer cuyos mareos le duraron todo el embarazo y que mejoró al tomar un vaso de zumo de manzana verde (tipo «Granny Smith») antes de levantarse de la cama; la acidez contribuía a calmarle el estómago. También puedes tomar, por la mañana en ayunas, unas cuantas cucharaditas de vinagre de manzana (no de otro tipo) en agua caliente.

Mareos matinales

Batidos de leche

En mis cuatro embarazos (una niña y tres varones) padecí los mareos matinales, por lo que las personas que me decían que sólo los tendría con niñas o con varones estaban equivocadas. Con el segundo bebé, la niña, no era capaz de comer nada y la comadrona temía que tuvieran que ingresarme en el hospital para someterme a rehidratación, pues incluso el agua me daba náuseas y llegué a perder 5 kilos antes de ganar algo de peso (aunque los recuperé todos, y algunos más). Me dijo que comiera cualquier cosa, pues en mi situación extrema ya no importaba que mañana, tarde y noche comiese sólo galletas de chocolate. Entonces descubrí los batidos de vainilla, que eran lo bastante espesos para combatir la acidez de estómago y lo bastante dulces para que me los terminara, y además la vainilla me reconfortaba el estómago. Estuve varias semanas alimentándome casi exclusivamente con batidos.

Mareos matinales

Una infusión

Tomar cada día una taza de infusión hecha con hojas de frambueso puede calmar las molestias de estómago. Un herbolario nos recomienda usar hojas frescas, si se pueden conseguir. Si tienes el bosque cerca de casa, puedes ir a recogerlas, pero debes saber exactamente lo que buscas. En caso contrario, dirígete a una cooperativa o una tienda de tés y cafés y compra plantas secas para hacerte la infusión. Si le añades nata líquida, te calmará todavía más el estómago, que así tendrá algo para entretenerse. Las hojas de albahaca y las flores de manzanilla se ha comprobado que alivian el mareo, así que puedes añadirlas al té o a la infusión que tomas habitualmente.

Mareos matinales

No te resistas a los antojos

Al principio del embarazo, algunas mujeres se obsesionan tanto por comer «lo más conveniente para el niño» que acaban vomitándolo todo. Lo importante es comer bien durante todo el embarazo, y si en los primeros meses hay algo que el cuerpo no acepta, conviene hacerle caso. Si tienes un antojo de algo (tarta de chocolate, un helado, un bistec...), no te reprimas. En tu estado es mejor comer cualquier cosa que no comer nada, y si después te encuentras mejor, habrás superado el mareo y tal vez te sientas con ánimos de comer un plátano o incluso una ensalada.

Mareos matinales

Algo para matar el gusanillo

Si puedes, toma un sándwich de mantequilla de cacahuete con un vaso de leche caliente antes de irte a la cama; a menos, claro está, que tengas alergia a los frutos secos o un historial familiar de atopia. De esta forma, el estómago tendrá algo con que entretenerse durante la noche y los efectos pueden durarte hasta la mañana. También puedes tener un poco de pan o unos biscotes en la mesilla de noche o, si puedes, levantarte a picotear algo. No es una buena costumbre si más adelante quieres perder peso, pero puede evitarte los inacabables viajes al lavabo durante toda la mañana.

Mareos matinales

¡Al agua, patos!

Una madre asegura que no hay nada mejor que ir a la piscina para evitar el mareo matinal. Nadar unos 30-45 minutos no sólo le quita el mareo sino que le da energía para el resto del día. Puedes apuntarte a un gimnasio con piscina o tomar un baño a primera hora de la mañana. Conviene que lo conviertas en una rutina, por ejemplo, en el camino de ida o vuelta del trabajo. Muchos gimnasios también tienen servicio de guardería, por si lo necesitas. Nadar no es demasiado agotador y puede aliviarte los dolores de espalda, los calambres en las piernas y otras molestias.

Mareos matinales

Problemas con el dentífrico

Cepillarme los dientes al principio del embarazo me suponía una tortura. Pero tengo el peor vómito reflejo del mundo y con sólo ponerme el cepillo en la boca, tenía que ir corriendo al váter. Evidentemente, esta situación desembocaba en un círculo vicioso bastante cómico: vomitar, cepillarme los dientes y vuelta a empezar. Si el desencadenante es el dentífrico, prueba un sustituto natural. Una madre me dijo que usar bicarbonato sódico y sal, en vez del dentífrico normal, le ayudó a superar las primeras semanas.

Mareos matinales

Terapia de sueño

Dormir hasta que pase el mareo funciona, pero no todo el mundo se lo puede permitir. En mi caso, si no me movía, me encontraba bien. Me echaba en el sofá y me quedaba así a veces hasta el mediodía; no es que me sienta orgullosa de ello, pero al menos no vomitaba. Me llevaba junto al sofá todas las cosas que el niño necesitaba (pañales de recambio, zumo, galletas) y pasaba casi toda la mañana viendo la tele, echando una cabezadita a ratos y leyendo para el pequeño. De esta forma los mareos eran mínimos y por la tarde normalmente me sentía lo suficientemente en forma para compensar al niño llevándole al parque.

Mareos matinales

Comprar comida preparada

Si preparar la comida es demasiado para ti, puedes comprar platos congelados en el supermercado del barrio. Una ventaja adicional de los congelados es que no huelen. Los hay de tamaño familiar e individual, platos principales y postres, y la mayoría están bien de precio. Si puedes, pide a una amiga o familiar (por ejemplo, tu madre) que se preste a hacerte un par de guisos, que pueden resultar providenciales en una crisis de náuseas cuando hay otros a quienes alimentar.

Mareos matinales

Picotear a todas horas

Tanto en casa como en la oficina, conviene que tengas algo a mano para comer. Si picoteas un poco durante el día y tomas una comida ligera cada dos o tres horas, podrás evitar que se te revuelva el estómago. Esto también contribuye a evitar el ardor de estómago y los gases. Además, conviene que disfrutes de las comidas sin prisas: come despacio y levántate poco a poco de la mesa; y sobre todo, no corras a lavar los platos.

Mareos matinales

Remedios homeopáticos

Los preparados homeopáticos pueden ser de ayuda (ver página 11, consejos sobre el empleo de la homeopatía durante el embarazo). Se venden en farmacias y tiendas de dietética; el remedio 6C es considerado de baja potencia:

🖐 Ipecacuanha 6: Para las náuseas acompañadas de sensación de calor o frío, sudor y arcadas; si te sientes mejor al aire libre, cuando hace fresco, descansas y estás quieta, y peor cuando hace demasiado calor o humedad, después de vomitar, de hacer movimiento y percibir olores fuertes.

🖐 Colchicum 6C: Es efectivo si tienes antojos pero la comida te produce náuseas, y te sientes mejor cuando te inclinas hacia adelante pero estás peor por la noche, o cuando hueles comida, comes alimentos grasos o feculentos, cuando hay ruido, música, cuando te tocan o presionan, o tras un esfuerzo mental.

🖐 Natrum mur 6C: Pruébalo si los vómitos contienen mucosidad espumosa, si te apetece comer salado y tienes sed; si estás mejor al aire libre, descansando, no haces comidas

Mareos matinales

regulares y buscas paz y tranquilidad, pero estás peor a última hora de la mañana, en ambientes caldeados, en la humedad, después de un esfuerzo mental, cuando comes alimentos grasos o feculentos, cuando hay ruido, música o cuando te tocan o presionan.

Sepia 6C: Emplea este remedio si vomitas, estás irritable, agotada, indiferente y tienes sofocos; si los síntomas mejoran haciendo ejercicio, manteniéndote ocupada, poniendo las piernas en alto, comiendo en pequeñas cantidades y saliendo a respirar aire puro, y empeoran por la tarde o al oler comida, al ayunar, ante las demandas emocionales de los demás, o si pierdes el sueño.

Mareos matinales

¿Demasiada acidez?

Otra madre tiene la teoría de que las embarazadas se marean por exceso de acidez en el vientre. «Comiendo se alivia, pero cuando estás mal no te apetece comer. Yo cada mañana me pongo a buscar algo que me apetezca; o si no, al menos que no me provoque náuseas, y me lo como enseguida. Así me encuentro bien el resto del día. Pero tengo que hacerlo muy temprano, porque cuando estoy en pleno mareo, ya no hay nada que hacer». En resumidas cuentas, come lo que te apetezca, por más desagradable que pueda parecer a los demás.

Mareos matinales

Jengibre

El jengibre es un calmante natural para el estómago y es efectivo contra cualquier mareo, pero lo tienes que tomar antes de que vomites, porque si no, vomitarás de nuevo. A algunas mujeres les basta con oler la raíz de jengibre fresca para notar sus efectos. También funciona hacer una infusión con dos cucharaditas de jengibre rallado en una taza de agua hirviendo, y añadir miel o limón al gusto. Si estás fuera de casa y no puedes hacerte una infusión, toma algún alimento que contenga jengibre. Algunas mujeres son entusiastas del ginger-ale; otras prefieren tomar el jengibre cristalizado que se vende en las tiendas especializadas en gastronomía, mientras que otras utilizan generosamente el jengibre como condimento.

Mareos matinales

Un poco de aromaterapia

Si te parece que los olores desencadenan el mareo, prueba las siguientes recomendaciones de aromaterapia (ver en la página 10 consejos sobre la utilización de la aromaterapia durante el embarazo):

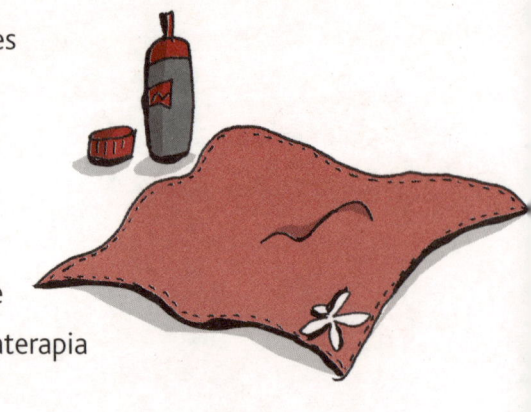

- Llevar encima un pañuelo humedecido con unas cuantas gotas de aceite esencial de limón o de almendra.
- Ponerte en la frente una compresa fría aromatizada con lavanda y otra compresa caliente sobre el tórax.
- Si estás en casa, pon tres gotas de aceite esencial de lavanda y una de menta en un difusor o humectador para perfumar el aire.
- Otro remedio de aromaterapia es que te den un masaje con aceite de manzanilla especial para masaje.

Para escuchar

MorningWell (*www.morningwell.co.uk*) es un programa de audio relativamente reciente creado a partir de una mezcla original de música, ritmo y unas frecuencias determinadas para aliviar el mareo matinal, que ha dado resultado en muchas mujeres. Se presenta en una casete y si se escucha a través de los auriculares viaja por el sistema vestibular del organismo, una parte muy poco conocida de nuestro sistema sensorial. Su funcionamiento se basa en interrumpir el paso de las señales entre el cerebro y el intestino, que normalmente causaría emesis o ganas de vomitar.

Mareos matinales

Sacar la lengua

Este remedio no me funcionó, y no te lo recomendaría si tienes un vómito reflejo, pero algunas madres tienen una fe ciega en él, y por eso lo menciono aquí. Para evitar el vómito, tienes que atrapar la lengua en un trozo de tela y tirar de ella suave pero firmemente. Dicen que sirve para detener las ganas de vomitar en momentos comprometidos, de manera similar a como nos tapamos la nariz cuando notamos ganas de estornudar.

Mareos matinales

Polos de helado

Los Preggie Pops, una especie de chupachups contra el mareo matinal de los primeros meses, están muy buenos y vienen en cuatro sabores naturales, para que puedas escoger el que más te guste. Los puedes comprar en *www.mothersbliss.co.uk*. Si estás de humor, puedes hacerte tú misma unos polos de helado; encontrarás los aceites esenciales en tiendas de dietética. A mí me aliviaron enormemente (ver páginas 120-121).

Pastillas varias

Durante el embarazo aumentan las necesidades de vitaminas B6, B12, ácido fólico, cinc y hierro. Para prevenir el mareo, teóricamente basta con consumir cantidades adecuadas de estos nutrientes. No obstante, si en los inicios del embarazo te sientes muy mal, puedes probar el remedio que ha aliviado a muchas mujeres: un suplemento de vitamina B6 (unos 100 mg diarios). También puede que necesites vitamina B12 (en dosis de 50 mcg diarios) y cinc (por ejemplo, unos 20 mg diarios). Consulta a tu médico para que te adapte las dosis a tu caso particular. Por otro lado, algunas mujeres notan que los mareos disminuyen cuando dejan de tomar las vitaminas prenatales o los suplementos de hierro temporalmente, aunque el suplemento de ácido fólico hay que seguir tomándolo para que el bebé esté protegido. Algunas mujeres tienen problemas al tomar suplementos de hierro; si es tu caso y no quieres dejarlos, prueba a tomarlos antes de irte a la cama y tal vez puedas dormir sin náuseas.

Mareos matinales

Unos comentarios sobre las comidas

Para reducir los olores al cocinar, enciende el extractor de la cocina o abre la ventana. También funciona hacer unas cuantas pausas y salir de la cocina. Utilizar un microondas es una estupenda forma de cocinar sin olores, siempre que no te pongas delante mismo del aparato mientras funciona. Otra opción es preparar comidas sencillas y pedir a los miembros de la familia que se añadan ellos mismo las especias que prefieran. Conviene evitar la comida picante y frita. La comida fría (por ejemplo, una macedonia) suele desprender pocos olores que produzcan náuseas. Si puedes, no te saltes ninguna comida.

Ardor de estómago

Las bebidas

Si sufres ardor de estómago durante el embarazo, debes evitar beber mucho en las comidas, pues cuando bebes comiendo tragas más aire, y el ardor de estómago consiguiente puede ser mayor. Evita el alcohol y las bebidas con cafeína (café, té, cola; al respecto ver la página 144), porque relajan el músculo de la boca del estómago, cuya función es retener la acidez. Sustituye estas bebidas por las versiones correspondientes sin cafeína o, si te gustan las bebidas con gas, prueba a tomar zumo de naranja con agua carbonatada. Ésta también puedes añadirla a los zumos que prefieras. En mi caso, empecé haciendo una infusión fría con mis plantas preferidas, a la que añadía zumo de naranja o de limón para darle más sabor (ver página 145).

Ardor de estómago

En la cama

Cuando vayas a la cama, prueba a ponerte unas almohadas extras para que duermas más erguida. También puedes elevar la cabecera de la cama sobre unos tacos de madera; si tu pareja también sufre ardor de estómago, será una buena solución para ambos. En la cama o en el sofá, échate de lado en vez de boca arriba; esta posición también contribuye a evitar los mareos. Por la razón que sea, si estás boca arriba y te levantas, te mareas más rápidamente. Esta posición también te permite pisar el suelo con mayor facilidad, algo muy práctico cuando vayas ganando peso.

Ardor de estómago

Antiácidos

Puedes probar a tomar preparados sencillos o pastillas contra la acidez. Se venden sin receta en la farmacia y no contienen ingredientes que se asimilen en el organismo, por lo que no pueden perjudicar al niño. Su acción se limita a neutralizar el ácido en el esófago y el estómago. Sin embargo, debes evitar las pastillas que contengan cimetidina, ranitidina o famotidina, que se asimilan en la sangre. Comer yogur o beber leche también puede dar resultado, pues su naturaleza alcalina calma las molestias de estómago; en cambio, el queso puede agravarlas.

Ardor de estómago

No adoptes una postura encorvada

¿Puedes mascar chicle cuando estás encorvada? Debes sentarte correctamente cuando comas, pues si estás encorvada ejerces más presión sobre el estómago. Para aliviar el ardor, mastica chicle o come caramelos (pero que no sean pastillas de menta); el flujo de saliva que producen sirve para controlar la acidez de estómago. A mí, en malas posturas no hay quien me gane, como me decía mi profesor de piano; pero cuando consigo sentarme derecha, noto la diferencia enseguida. Una buena postura al sentarse también contribuye a mitigar el dolor de espalda y refuerza la musculatura dorsal. También tienes que evitar echarte o agacharte inmediatamente después de las comidas. Si tienes problemas para sentarte de forma cómoda, colócate un almohadón en la espalda, en la zona lumbar; te irá muy bien, sobre todo para conducir.

Ardor de estómago

Comer menos antes de ir a la cama

Intenta no comer nada en las dos o tres horas antes de ir a dormir. El estómago vacío produce menos ácidos, de forma que será menos probable que tengas ardor mientras duermes. Evidentemente, este remedio sólo es útil si no tienes mareos matinales también. Si quieres beber algo, toma un vaso de leche caliente con una cucharada de miel, pues la miel es un calmante universal. Si no te apetece la leche, toma la miel con una infusión o incluso directamente de la cuchara.

Mareos o desmayos

No te cortes

Evita permanecer de pie durante mucho rato. Es una buena manera de prevenir los calambres en las piernas y las varices, así como los mareos. En mi caso, aunque el acceso de náuseas matinales ya me había pasado, cuando estaba de pie haciendo cola en la caja del supermercado me sentía aturdida y sofocada. Conviene que siempre busques un sitio cerca de algún asiento, y no temas sentarte mientras haces cola. En una ocasión, mi mareo fue tan intenso que tuve miedo de desmayarme, por lo que me acomodé en el suelo con las piernas cruzadas al lado de la cesta de la compra hasta que se me pasó.

Mareos o desmayos

Tómatelo con calma

Cuando estés sentada, levántate despacio, puesto que si lo haces demasiado deprisa puedes marearte. Cuando estés de pie, practica la contracción y relajación de los músculos de las piernas y glúteos para contribuir al retorno de la sangre al cerebro. Yo solía ponerme de puntillas y luego volver a apoyar el talón varias veces para favorecer la circulación de la sangre. Da gusto tomar un baño, pero también hay que salir despacio de la bañera. Si tienes problemas cuando vayas ganando peso, instala temporalmente unas barandillas en la bañera para que no pierdas el equilibrio al salir de ella.

Mareos o desmayos

Mantente fresca cuando apriete el calor

Es esencial para evitar muchos malestares, como pies hinchados, insolación, etc. Procúrate un lugar a la sombra mientras los niños juegan en la piscina, bebe agua fría de vez en cuando y pasa las horas con un buen libro. Al estar en reposo, evitarás tener excesivo calor, incluso en los días más bochornosos. Y procura que el nivel de azúcar en la sangre no descienda, comiendo a lo largo del día pequeños bocados ricos en proteínas. Algunas madres aseguran que un plátano, que es rico en potasio, o un batido lácteo obran maravillas.

Estreñimiento

Come verduras

Abundancia de frutas y verduras en la dieta... no hace falta decirlo. Si tienes problemas de estreñimiento, aumentar la ingesta de frutas y verduras variadas favorecerá el tránsito intestinal. Escoge las que más te gusten y no te fuerces a comer coles de Bruselas si no te apetecen. En su lugar puedes comprarte una bolsa de uvas pasas o un mango. Y bebe mucho líquido. El agua es lo mejor en casi todas las ocasiones (ver páginas 146-147). Pero si tienes verdaderos problemas de estreñimiento, el jugo de ciruelas pasas es la solución ideal, aunque no hay que pasarse: con un poco basta.

Estreñimiento

Muévete

Hacer ejercicio regularmente puede aliviar el estreñimiento, en especial las flexiones de rodillas, nadar y andar. Ya sé que es mucho más tentador estar cómodamente sentada, pero si te mantienes en movimiento (aunque sea a un ritmo lento; no se trata de entrenarse para una maratón), tus intestinos también se pondrán en marcha. Los calambres en las piernas también se pueden evitar haciendo bastante ejercicio.

Estreñimiento

Cuando tengas ganas, no esperes

No te aguantes mucho rato (a menos, claro está, que estés en un embotellamiento, vayas en transporte público o no tengas un lavabo cerca), pues si lo haces puedes sufrir estreñimiento y, a la larga, hemorroides (ver páginas 54-55). Es importante que aprendas a atender las necesidades de tu cuerpo, sean cuales sean. Pero no debes forzar los intestinos. No pases largas horas sentada en el váter y no aprietes demasiado, porque sólo conseguirás empeorar la situación. Si tienes dificultades para evacuar, ve a dar un corto paseo y bebe un poco de agua.

Calambres en las piernas

Un consumo adecuado de calcio

Tomar abundante calcio es importante para prevenir los calambres en las piernas. Tres raciones al día de yogur, leche o queso pueden prevenir en gran medida los calambres antes de que aparezcan. Si estás todo el día fuera de casa, ten en cuenta que algunas marcas de yogur ofrecen versiones para tomar en cualquier sitio o yogures para beber en botellas de plástico. Cuando empieces a notar los calambres, flexiona los dedos de los pies hacia arriba y masajea lentamente el músculo dolorido. Recorrer con los dedos la pierna arriba y abajo como si tocaras el piano también te ayudará a mitigar el dolor.

Hemorroides

Una solución de herbolario

Las pomadas de consuelda y de raíz de acedera son las alternativas del herbolario a los tratamientos tradicionales contra las hemorroides; puedes encontrarlas en crema o pomada en las tiendas de dietética (para consejos sobre el uso de las plantas medicinales durante el embarazo, ver la página 10). Hay que usarlas como la Preparación H y tienen fama de producir efectos más calmantes que las cremas comerciales. Pero si no puedes encontrarlas, prueba la Preparación H tradicional, que puede ser de gran ayuda cuando se tienen muchas molestias. Los baños de asiento con hierbas son otra buena solución si estás harta de cremas y toallitas y quieres relajarte un poco. Tienes que poner las bolsitas de consuelda (o consuelda con un poco de manzanilla) en el agua del baño. Para darte un baño de asiento, el agua debe tener una altura máxima de 5 a 8 centímetros. Si sólo quieres relajarte, echa un poco de bicarbonato sódico en el agua del baño junto con las bolsitas de hierbas y échate tranquilamente para conseguir alivio y un efecto calmante.

Hemorroides

Unos toques

Para aliviar el picor de las hemorroides, aplica bicarbonato sódico en seco o húmedo. También puedes elaborar una solución con dos cucharadas de bicarbonato y 25 cl de agua y guardarla en una botella con pulverizador o en un recipiente en el baño. Para aplicarla, moja un trozo de papel higiénico con un poco de solución y date unos toques en la zona irritada sin frotar. Algunas madres recomiendan agua de hamamelis o zumo de limón para reducir la hinchazón o el sangrado. Sin embargo, si las hemorroides sangran, hay que consultar con el médico antes de probar remedios caseros (si se sangra, el zumo de limón escuece, pero el agua de hamamelis debería calmar). Ambos remedios se pueden aplicar también con papel higiénico o torundas de algodón. También existen toallitas muy prácticas humedecidas con hamamelis para evitar la irritación.

Dolor de espalda

¿Bailando la conga?

El balanceo de la pelvis es un ejercicio efectivo que sólo harás cuando no haya nadie delante. Es el baile para aliviar los dolores de espalda, y realmente funciona. Ponte de pie con los pies separados la misma distancia que los hombros, uno de los pies ligeramente más avanzado que el otro, por una cuestión de equilibrio. Sin que el tronco pierda la verticalidad, mueve la pelvis adelante y atrás y en círculos, hasta que notes alivio en la espalda.

… Dolor de espalda

Masajes

Es difícil hacerse masajes una misma, así que pídeselo a tu pareja o recurre a un masajista para que te dé 20 minutos de alivio. Si no funciona, haz rodar una pelota de tenis por la espalda o cómprate unas pelotas especiales para hacer ejercicio. Las hay de distintos tamaños, hasta 90 cm de diámetro, y sirven para tumbarse de espaldas encima e impulsarse arriba y abajo por el suelo con los pies, de forma que la pelota efectúa un masaje. Otro truco consiste en dormir de lado poniendo una almohada entre las rodillas para reducir la tensión. Yo ya no estoy embarazada y sigo haciéndolo. El calor también ayuda, ya sea un baño, una almohadilla eléctrica (sólo en la espalda) o una bolsa de agua caliente. También descubrí que los calentadores que los cazadores usan dentro de las botas o los guantes van muy bien para los viajes largos en coche.

Dolor de espalda

Zapatos de tacón bajo

Conviene usar zapatos planos que proporcionen una buena sujeción. Es difícil conjugar la moda con el embarazo, y el calzado es un tema en el que debe preponderar la comodidad durante estos meses. Usa zapatillas deportivas siempre que puedas, pero si trabajas y tienes que ofrecer un aspecto profesional, cómprate unos zapatos con los que te sientas cómoda.

Resfriados

El resfriado persistente

Es el típico resfriado de las embarazadas. Te voy a proponer algunas sugerencias de otras madres para vencer la tos, los estornudos y los dolores. Conviene que aumentes el consumo de alimentos con vitamina C: una naranja antes de ir a la cama, un poco de infusión de escaramujo a la hora del almuerzo... cualquier alimento rico en vitamina C puede ayudar a prevenir los resfriados y a superarlos una vez instalados. Los suplementos de vitamina C también son buenos, pero pregunta primero a tu médico la dosis adecuada, porque un exceso puede provocar diarrea. Comer ajo y cebolla puede ayudarte a evitar las infecciones. Una amiga mía machaca tres o cuatro dientes de ajo y los unta con mantequilla en una tostada; lo hace durante un día o dos y al cabo de unos días se le pasa el resfriado. Es una propuesta apestosa, pero esta amiga no es la única que me ha dicho que es un buen remedio.

Resfriados

Humedad

Mantener un cierto grado de humedad ambiental alivia los síntomas del resfriado y permite respirar mejor. Los aceites esenciales de eucalipto, lavanda, limón y árbol del té son una buena combinación; hay que poner dos gotas de cada uno en un tazón de agua caliente, taparse la cabeza con una toalla e inhalar los vapores durante 10 minutos. Sin embargo, este remedio no se puede usar junto con los homeopáticos.

Resfriados

Una decocción de hierbas

Una madre me recomendó esta tisana caliente para el resfriado. El clavo de olor tiene propiedades antisépticas y estimulantes, las semillas de cilantro son digestivas, mientras que la miel suaviza la garganta y el jengibre calma el estómago.

ingredientes

Para una jarra de infusión se necesita: 4 clavos, 1 cucharada de semillas de cilantro, unos cuantos trozos de jengibre fresco, 1/2 l de agua, una rodaja de limón y miel.

Vierte los clavos, el cilantro y el jengibre en un cazo con el agua, ponlo al fuego hasta que hierva, tapa y deja hervir a fuego lento 20 minutos. Añade la rodaja de limón y hiérvelo 5 minutos más. Filtra y endulza con miel al gusto. Bebe una taza caliente de esta decocción cada dos horas.

Resfriados

Té frío

Este té se puede beber tan a menudo como sea necesario para aliviar los síntomas del resfriado. Es mejor emplear hojas frescas, pero secas son más fáciles de usar con el colador.

ingredientes

Se necesita, a partes iguales, menta, pamplina, equinácea y hojas de zarza; bolsitas de té para rellenar (las venden en la sección de dietética de algunos hipermercados) o bien un trozo de estopilla fina; agua hirviendo y miel.

· ·

Mezcla las hojas en un recipiente, toma una cucharada de postre colmada y échala en una bolsita de té. Vierte agua hirviendo y déjala reposar 10 minutos; añade miel al gusto.

Insomnio

¿No puedes dormir? Pues espera a que haya nacido el niño... Pero no te preocupes, que aquí tienes unos trucos para conseguir el descanso que necesitas ahora mismo. En primer lugar, evita los excitantes, come alimentos digestivos y deja pasar unas cuantas horas antes de ir a la cama. Procura que el dormitorio esté bien ventilado y que la cama sea cómoda. Unos masajes en la cabeza y el cuello antes de dormir pueden aliviarte la tensión. Pero no des por sentado que todo el sueño tiene que ser por la noche; una buena siesta de 20-90 minutos (como máximo) hace maravillas, sobre todo entre las 2 y las 4 de la tarde.

A mí me ha funcionado...

Ejercicio

¿Ejercicio? ¿Llevar al niño arriba y abajo todo el rato, y además hacer ejercicio? ¿No basta con hacer la colada y fregar los platos e ir a trabajar cada día? La respuesta es sí y no. Hacer las tareas del hogar es un buen sistema para estar en forma, y si eres como yo, que me aburro con la rutina, todo lo que necesitas es hacer las tareas del hogar con algo más de brío. Pero también hay muchos ejercicios que pueden ayudar a relajarte y aliviar las preocupaciones que puedan surgir durante el embarazo.

Un ejercicio moderado mantiene los músculos tonificados y flexibles, lo cual será muy ventajoso a la hora del parto. También reduce las molestias típicas de estos meses, como el dolor de espalda y el estreñimiento,

Ejercicio

así como ayuda a recuperar la silueta después del parto. Pero no olvides que el ejercicio que puedes realizar estando embarazada tiene unos límites: el centro de gravedad del cuerpo se desplaza, llevas mucho más peso y te cansas con mayor facilidad. Por ello debes seguir los consejos de los expertos, hacer ejercicio con precaución y atender siempre a lo que te diga el cuerpo. Muchas veces te avisará si le pides demasiado.

Ejercicio

Escucha a los profesionales

Antes de empezar con un programa de ejercicios, consulta a tu médico o a la comadrona. Si siempre has llevado un ritmo de vida activo, probablemente podrás seguir realizando el mismo ejercicio, a menos que tu embarazo sea considerado de riesgo, aun así pregunta si las actividades que realizas son adecuadas para ti. Si el deporte, en cambio, nunca ha sido lo tuyo, el profesional sanitario puede aconsejarte sobre cómo empezar.

Ejercicio

Qué ropa ponerte

Ponte ropa cómoda, ancha y transpirable y un calzado que sujete bien el pie. Para evitar acalorarte demasiado mientras hagas ejercicio, ponte varias piezas de ropa para que puedas quitártelas a medida que entras en calor, o bien emplea equipos de deporte especiales para hacer ejercicio. También debes asegurarte de que el sostén de maternidad te ofrezca una buena sujeción. Necesitas además unas zapatillas de deporte que se adapten bien al pie y sujeten bien los tendones y ligamentos. Si tu número de pie ha cambiado debido a la hinchazón producida por la lactancia, cómprate unas nuevas.

Ejercicio

No te olvides del precalentamiento

Sirve para calentar los músculos y las articulaciones y preparar el cuerpo para el ejercicio, así como contribuye a que el ritmo cardiaco aumente más despacio. Si te saltas el precalentamiento y empiezas a hacer ejercicios agotadores antes de que el cuerpo esté preparado, podrías forzar los ligamentos y hacerte daño. Conviene que no pares de moverte durante el ejercicio, cambiando frecuentemente de posición o caminando sin moverte del sitio. Estar de pie inmóvil durante largo rato, que es lo que requieren algunas posiciones de yoga y baile, puede disminuir el flujo sanguíneo que irriga el útero y provocar que la sangre se estanque en las piernas, lo cual te provocaría mareos.

Ejercicio

Lo que debes hacer

👋 Abandona inmediatamente el ejercicio si te sientes incómoda o te duele.

👋 Haz caso a lo que te diga el cuerpo: cuando algo te duele, algo no va bien. Tienes que notar que lo haces trabajar, no que lo castigas.

👋 Cuando te levantes del suelo, hazlo lentamente y con cuidado, pues levantarte bruscamente puede provocarte mareo o podría hacer que perdieses el equilibrio y cayeses.

👋 Realiza un enfriamiento después del ejercicio caminando unos minutos o haciendo estiramientos. Así permitirás que el corazón recupere paulatinamente su ritmo normal.

Ejercicio

Lo que no debes hacer

🖐 No hagas ejercicio tumbada boca arriba después del primer trimestre. Además de resultarte una posición incómoda, puede provocarte mareos, así que es mejor que te apoyes en los codos o te eches de lado.

🖐 No realices flexiones de rodillas completas, avances o abdominales completos, porque estas posiciones pueden provocar tensión en los ligamentos y aumentar las posibilidades de desgarros en la región pélvica. En su lugar practica otras actividades que tonifiquen los mismos músculos, como nadar y caminar, que hacen trabajar las regiones de los cuadríceps y los glúteos, así como avances y flexiones de las rodillas.

🖐 No fuerces la máquina y no llegues a extenuarte haciendo ejercicio: el ritmo cardiaco no debería pasar de las 140 pulsaciones por minuto. Una buena regla es que bajes el ritmo cuando no puedas mantener cómodamente una conversación.

Ejercicio

¿Demasiado calor?

Procura evitar las actividades al aire libre cuando haga mucho calor y humedad. Aunque no estés embarazada, tómatelo con calma cuando el sol quema y hay mucha humedad ambiental, pues bajo estas condiciones podrías sufrir una insolación. En los días especialmente calurosos o húmedos, date fiesta de entrenamiento y tómatelo con tranquilidad o bien realiza el ejercicio en el interior, en una habitación bien ventilada.

Ejercicio

No a los deportes de riesgo

Este consejo puede parecer obvio, pero se ven verdaderas temeridades... No realices deportes peligrosos. Estando embarazada tienes las articulaciones más flojas de lo habitual, por lo que es mejor que evites practicar cualquier actividad que pudiera hacerte resbalar o caer. Montar a caballo, esquiar, escalar montañas y la mayoría de los deportes de contacto (fútbol, baloncesto o rugby) no se recomiendan para las embarazadas. En cuanto a los deportes de raqueta, como el tenis y el squash, también es mejor evitarlos, porque los movimientos de lado a lado pueden forzar demasiado las rodillas y porque la pelota podría golpearte en el abdomen a gran velocidad.

Ejercicio

Presta atención a los síntomas inusuales

Si notas síntomas inusuales al hacer ejercicio, llama a la comadrona o al médico inmediatamente. Si bien algunas mujeres experimentan unas ligeras pérdidas a lo largo de todo el embarazo, el sangrado vaginal es motivo de preocupación y debe someterse al examen de un profesional sanitario. Un dolor agudo en el abdomen y el pecho pueden significar sencillamente que los ligamentos se estiran, pero también podría ser que tuvieras contracciones. Si se te nubla la vista en medio de un ejercicio, podría ser que estuvieras deshidratada o tuvieras preeclampsia, una dolencia que puede ser muy peligrosa para el niño en formación. Si tienes alguna duda, acude a la consulta del médico.

Ejercicio

Otras cuestiones que debes tener en cuenta

🖐 Aunque estés a mitad de una clase de ejercicios especiales para el embarazo, si te desvaneces puede significar que tienes un problema de salud y que necesitas visitarte.

🖐 Si te sientes mareada significa que has acumulado demasiado ácido láctico en el estómago.

🖐 Los mareos persistentes, o los que van acompañados de visión borrosa y dolores de cabeza o palpitaciones, pueden ser síntomas de una anemia severa o de alguna otra enfermedad que podría afectar al embarazo.

🖐 Si durante el ejercicio te quedas sin aliento de forma que no podrías mantener una conversación, si experimentas algunas extrañas sensaciones de agitación en el pecho o sudas mucho, es señal de que probablemente estás realizando un esfuerzo excesivo, por lo que deberías procurar no sobrepasar el límite de seguridad de tu ritmo cardiaco. Ve aminorando gradualmente la marcha, detente, y consulta con el médico o la comadrona.

Ejercicio

Efecto «globo»

¿Te has quedado horrorizada al notar que se te hinchan las manos, los pies y los tobillos? ¿Sientes como si tuvieras un globo a punto de explotar en esos puntos? Puede que tras el ejercicio, pies y manos aparezcan un tanto hinchados, pero si los notas más hinchados de lo normal podría tratarse de una preeclampsia (ver páginas 244-245), por lo que deberías acudir al médico o a la comadrona lo antes posible, para tranquilizarte o para ponerte en tratamiento si fuera necesario.

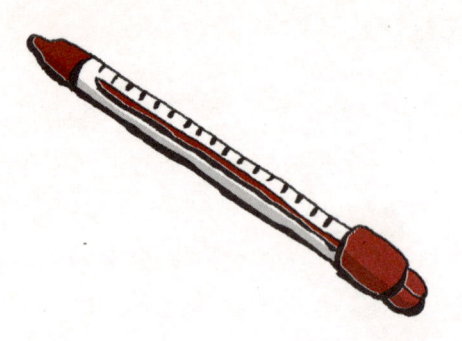

Cambios en la temperatura corporal

Si las manos se te ponen sudorosas o tienes sofocos y escalofríos, el cuerpo te está diciendo que le cuesta regular su termómetro interno. El niño puede estar sobrecalentado igual que tú, y el flujo sanguíneo que llega al útero se desviará a la piel porque el cuerpo intenta enfriarse, lo cual puede poner en peligro al niño. Según los expertos, tu temperatura, tomada en la axila, debe ser inferior a 38 °C después de hacer ejercicio; es muy importante.

Ejercicio

Mira el reloj

Es un poco complicado: si no haces suficiente ejercicio, no conseguirás ningún progreso, pero si haces demasiado, puedes hacerte daño. Por lo tanto, el entrenamiento para una embarazada que realice regularmente un ejercicio de ligero a moderado (y que cuente con la aprobación del médico) debería durar unos 30-60 minutos diarios. Según diversos especialistas en obstetricia y ginecología, el ritmo cardiaco de una embarazada que hiciera ejercicio durante más de 15 minutos no debería sobrepasar las 140 pulsaciones por minuto, aunque esto también depende de su estado de salud y de si está acostumbrada al ejercicio.

Ejercicio

No apto para todo el mundo

Ten en cuenta que el ejercicio no está libre de riesgos para todas las embarazadas. Aquellas que hayan tenido un parto prematuro, las que tienen complicaciones ginecológicas (por ejemplo, sangrado vaginal persistente, cuello del útero incompetente, membranas rotas o un indicio de que el feto no crece todo lo rápido que debería), aquellas a las que se ha prescrito un reposo en cama durante todo el embarazo, o bien las que tienen un historial de problemas de salud (como tensión arterial alta, diabetes, cardiopatías o trastornos del tiroides) sólo deberían realizar ejercicio con la autorización del médico.

Ejercicio

No hagas ejercicio para perder peso

Evidentemente, ganarás menos peso de grasa corporal durante el embarazo si sigues haciendo ejercicio (suponiendo que lo hicieras antes de quedarte en estado), pero no confíes en que vas a perder peso. Para la mayoría de las mujeres, de lo que se trata es de mantener la buena forma física durante el embarazo. Pero si estás obsesionada por el peso y te deprimes al ver que cada mes aumentas, deja de mirar la báscula y pide a las enfermeras que no te informen del peso que ganas, a menos que haya una razón de salud. Y no pienses en ponerte a dieta en. Dedícate a adquirir hábitos alimenticios saludables más que a mirar la báscula. El peso que indica no es absoluto, ya que tu cuerpo está experimentando alteraciones súbitas en los fluidos durante el día.

Ejercicio

Las virtudes del yoga

No soy una experta en yoga, ni siquiera una aficionada, pero muchas madres me han hablado de sus efectos positivos para la mujer embarazada y el bebé, por lo que he creído que debía incluirlo aquí. Los estiramientos del yoga (algunos de los cuales aparecen en las páginas siguientes) ayudan a mantener el cuerpo ágil y favorecen las posturas correctas, pero además pueden favorecer un embarazo y un parto relativamente sin problemas operando suavemente sobre los órganos reproductivos y la pelvis y

Ejercicio

contribuyendo a asegurar que el feto en desarrollo recibe un buen suministro de sangre y nutrientes. Las mujeres que no hayan hecho nunca posturas de yoga (*asanas*), deberían ir con bastante cuidado durante los primeros tres meses del embarazo, si bien los ejercicios respiratorios y de relajación serán beneficiosos en general. Después del tercer mes, para más seguridad será mejor empezar con la práctica de posturas más moderadas. Como siempre, escucha lo que te dice el cuerpo y para cuando te diga basta.

Los ejercicios respiratorios de yoga (*pranayama*) aumentan la capacidad de los pulmones, favorecen un suministro abundante de oxígeno al niño y ayudan a prepararte para el parto. La meditación puede aliviar muchos de los dolores y preocupaciones habituales en el embarazo, y permitirte que conectes con el niño. Los gestos con la mano (*mudras*) y los bloqueos (*bandhas*) pueden tener efectos poderosos sobre los órganos reproductores. Además, la relajación profunda (*yoga nidra*) tiene un efecto calmante, tanto física como mentalmente.

Ejercicio

Postura del molinete

Esta postura es útil para preparar el abdomen para el embarazo y también es un excelente ejercicio para después del parto.

Sentada en el suelo con las piernas rectas hacia adelante y separadas entre ellas 30 centímetros, más o menos. Enlaza los dedos de ambas manos y mantenlas estiradas hacia delante. Efectúa amplios movimientos en círculo con las manos encima de los pies, inclinándote todo lo adelante y todo lo atrás que puedas. Repite el ejercicio 10 veces en cada sentido.

Ejercicio

Postura de la palmera

El dolor de espaldas es un eterno problema en el embarazo. En mi caso, aunque no sabía que se trataba de una postura de yoga, muchas veces había realizado este ejercicio. Alivia los dolores de la espalda y mejora la postura.

De pie con los pies juntos y los brazos sueltos a los lados del cuerpo, levanta los brazos por encima de la cabeza, junta las palmas, enlaza los dedos y gira las palmas hacia arriba. Tensa los codos y estira todo el cuerpo hacia arriba mientras te pones de puntillas e inspiras. Apoya los talones en el suelo y saca el aire, mientras reposas las manos en la cabeza. Relájate un momento y repite la secuencia 10 veces.

Postura del pez

La postura del pez es excelente para aliviar el estreñimiento y relajar los nervios de las piernas y la espalda. Una vez más, este es un ejercicio que yo realizaba sin saber que era de yoga, y me calmaba muchísimo el dolor de ciática. Si quieres, puedes apoyar la rodilla y la cabeza en unos cojines.

Túmbate de cara al suelo y vuélvete ligeramente para doblar la rodilla derecha hacia el pecho, manteniendo la otra pierna recta apoyada en el suelo. Coloca el codo derecho sobre la rodilla derecha o en el suelo (posición que es más cómoda), y el lado izquierdo de la cara sobre el brazo izquierdo. Relájate un rato y repite la postura hacia el otro lado.

Rotación suave de tobillo

Éste es otro excelente ejercicio que tiene tanto de yoga como de sentido común y que favorece la circulación de las piernas y pies.

En la posición de sentada, dobla la rodilla izquierda y pon el pie izquierdo descansando sobre la rodilla derecha. Toma el pie izquierdo, los dedos en la mano derecha y el tobillo en la mano izquierda, y efectúa rotaciones suaves del tobillo en círculos lo más amplios posible. Haz 10 rotaciones en el sentido de las agujas del reloj y 10 en sentido contrario, y luego repite el ejercicio con el otro tobillo.

Ejercicio

Postura de la media mariposa

Un ejercicio muy bueno para desentumecer las articulaciones de la cadera y las piernas es la media mariposa. Para hacer esta postura es importante que no fuerces las articulaciones.

Sentada en el suelo con las piernas rectas hacia adelante, dobla la pierna izquierda y coloca el pie izquierdo sobre el muslo derecho, todo lo arriba que puedas. Pon la mano izquierda sobre la rodilla izquierda y agarra los dedos del pie izquierdo con la mano derecha. Inspira mientras empujas la rodilla izquierda hacia el pecho y saca el aire mientras empujas la rodilla de nuevo hacia el suelo, procurando que todos los movimientos se produzcan por la presión que ejerce el brazo izquierdo y no por el movimiento del cuerpo. Repite el proceso 10 veces con cada pierna.

Ejercicio

Un poco significa mucho

Si has estado relativamente inactiva antes del embarazo, ahora no es el momento adecuado para empezar un plan estricto de ejercicios de gimnasia. Debes empezar poco a poco e ir progresando gradualmente. Busca algún tipo de ejercicio que te guste (o unas cuantas actividades diferentes) y realízalo a tu ritmo. Si el cuerpo te dice a gritos que pares, hazle caso. Cinco minutos de ejercicio es mejor que no hacer nada, y si eres constante, verás como pronto podrás hacer ejercicio durante períodos más largos.

Ejercicio

En buena compañía

Hacer ejercicio al lado de una amiga, aunque sólo sea ir a dar un paseo juntas, es una buena manera de ponerse al día de las últimas novedades y hacer ejercicio al mismo tiempo. Una mujer que no hacía ejercicio antes del embarazo y que vivía en la misma calle de un centro para la tercera edad, empezó a acompañar a una mujer mayor en sus paseos diarios. Hizo amistad con ella desde el primer momento y le encantó descubrir que las dos andaban al mismo paso.

Ejercicio

Ir al centro comercial

Estaba entre el octavo y el noveno mes de mi segundo embarazo, en la época más calurosa del año, y tenía el ánimo por los suelos. Se me hinchaban los pies y los tobillos, a veces tanto que no podía calzarme los zapatos sin cordones, y me sentía gorda y sudorosa constantemente. Entonces descubrí que uno de los mejores lugares a los que podía ir para relajarme era el centro comercial de la ciudad, que tenía aire acondicionado. No sólo me refrescaba, sino que además sabía que estaba dando un paseo y hacía ejercicio al mismo tiempo; siempre, claro está, que me pudiera calzar los zapatos antes de salir.

Ejercicio

Beber mucha agua

Es extremadamente importante estar bien hidratada antes, durante y después de hacer ejercicio. Esta norma se aplica siempre, pero en especial durante el embarazo. Si no bebes mucha cantidad de líquido puedes deshidratarte, lo cual podría provocar contracciones y aumentar tu temperatura corporal. Muchas personas consideran que las bebidas isotónicas, como Gatorade, son lo mejor, pero la simple agua de siempre es estupenda. Deberías adquirir la costumbre de llevar una botella de agua contigo a todas horas (por si acaso te apetece de repente ir a dar un paseo) y llenarla antes de salir de casa. Necesitas beber unos dos vasos de agua dos horas antes de empezar el ejercicio, más otro vaso o dos cada 15-20 minutos durante el mismo.

Si vas a estar fuera de casa todo el día, una madre nos recomienda poner una botella de agua en el congelador y dejarla toda la noche para que se hiele. Al día siguiente, te la llevas contigo y hacia el mediodía ya se habrá derretido lo suficiente

Ejercicio

para que puedas beberla. Si adquieres la costumbre de tener agua a mano todo el día, también te será útil para cuando llegue tu hijo, pues un bebé hambriento que está todo el día tomando el pecho deja a la madre sedienta de verdad.

Ejercicio

Kegels

Estos ejercicios, que llevan el nombre del médico que los inventó, se basan en contraer y relajar alternativamente los músculos de la base de la pelvis y el canal del parto. Al contraer estos músculos se refuerzan el abdomen y los órganos internos, lo cual es especialmente necesario después de haber tenido hijos, mientras que al relajarlos aprendemos la manera de aflojarlos para que el niño pueda pasar por el canal del parto. Sentada en una silla con la espalda erguida, deja que tu peso recaiga en los dos huesos situados a los lados de la vagina y procura no encoger la espalda a la altura del hueso sacro. Intenta apretar los músculos que hay entre los dos huesos y levantarlos hacia adentro. Aguanta la presión 10 segundos, sin dejar de respirar, y luego relaja lentamente los músculos, notando como los huesos se van apoyando de nuevo en la silla. Empieza con cinco repeticiones y ve progresando hasta 10, dos o tres veces al día.

Ejercicio

Contra el dolor de espalda

Para aliviar el dolor de espalda durante el embarazo y el alumbramiento, así como para facilitar el paso del niño por el canal del parto, prueba a realizar el siguiente ejercicio, que hace trabajar los músculos abdominales profundos y curva la columna vertebral en forma de C a la altura de la cintura.

Sentada en una silla rígida, relaja el abdomen e inspira y luego espira, tensando los músculos abdominales e inclinando ligeramente el hueso sacro hacia atrás, de forma que la zona lumbar de la columna adopte una forma de C. A continuación, relaja el pecho y los hombros, inspira y regresa a la posición erguida. Repite el ejercicio 10 veces y realízalo unas dos o tres veces al día.

Ejercicio

Ayuda profesional

Si antes del embarazo realizabas mucha actividad y no tienes complicaciones de salud, puedes seguir haciendo ejercicio. Un buen profesional de gimnasia prenatal y posnatal puede ayudarte a decidir el tipo de actividad. Si no hacías ejercicio y estás de menos de 26 semanas, busca un especialista con la titulación correspondiente para dar clases de grupo; te beneficiarás de la actividad física y del apoyo que da el grupo. Si estás de más de 26 semanas, pide consejo a un profesional: el ejercicio todavía puede proporcionarte beneficios para tu salud y la del niño, y el entrenamiento de resistencia te será de gran ayuda para el parto. Algunas de las actividades que puedes hacer son: baile, andar, natación y bicicleta estática. No se recomiendan el aeróbic de impacto, el submarinismo y los deportes de competición en equipo.

Ejercicio

Relajación

Relajarse proporciona importantes beneficios para el cuerpo y la mente, a la vez que sirve para recargar las pilas y permitirte experimentar mejor la nueva vida que crece dentro de ti. Practicar la relajación echada de lado potencia al máximo la afluencia de sangre al útero, que es tan beneficiosa para el feto. Debes buscar un sitio tranquilo y echarte sobre el costado, con las rodillas, caderas, hombros y codos ligeramente doblados. Acomódate sobre unos almohadones. Respira pausada y profundamente. Concéntrate en la imagen de tu hijo que crece sano y fuerte. Escuchar música tranquila puede ayudar a relajarte. Practica durante unos 10-20 minutos al día.

En cuclillas

Las flexiones de rodillas refuerzan la parte superior de los muslos y abren el canal del parto, pero no debes hacerlas si padeces algún problema de rodillas o articulaciones.

Desde la posición sentada, coloca un pie plano en el suelo con la rodilla correspondiente totalmente doblada; apoya el peso del cuerpo en las manos, que deben situarse delante y ligeramente desplazadas hacia el otro lado. Entonces coloca el otro pie plano en el suelo y mantén el peso del cuerpo distribuido cómodamente en los cuatro apoyos; relaja los glúteos. Para terminar, invierte el proceso hasta la posición inicial.

Ejercicio

Andar

En el primer trimestre no hará falta que cambies mucho tus hábitos de caminar, pero comprueba que el calzado sea el adecuado y que proporcione la sujeción necesaria al pie. Si el tiempo es caluroso y húmedo, mejor que no salgas a caminar.

Durante el segundo trimestre, puede que te sientas más desgarbada, por lo que debes vigilar la postura cuando camines, para no forzar la espalda. Mantén la cabeza erguida, con la barbilla recta, las caderas alineadas con los hombros para evitar curvar la espalda, y los ojos al frente. Balancea los brazos al andar para mantener el equilibrio y hacer más ejercicio.

En el tercer trimestre debes seguir haciendo lo mismo mientras puedas, pero evitando los terrenos irregulares que pudieran hacerte perder el equilibrio.

Ejercicio

Jogging

✋ Toma las precauciones normales en el primer trimestre, como vigilar el ritmo cardiaco y beber mucha agua antes, durante y después del ejercicio. Evita correr si hace mucho calor y humedad, y usa un calzado adecuado que sujete muy bien el pie.

✋ En el segundo trimestre, el centro de gravedad del cuerpo se desplaza y te vuelves más propensa a los resbalones y las caídas. Para tu seguridad, corre sólo sobre superficies llanas. Si pierdes el equilibrio, procura caer correctamente: de lado o sobre las manos y rodillas, en vez de encima del abdomen.

✋ En el tercer trimestre has de tomar las mismas precauciones que en el primero y segundo. Recuerda que si te sientes demasiado fatigada para correr, haz caso al cuerpo y date un descanso. Si te fuerzas demasiado puede ser perjudicial.

Ejercicio

Natación

🖐 Si tu energía te lo permite, nada al menos 20 minutos en días alternos durante el primer trimestre. Hacerlo a primera hora de la mañana puede incluso contrarrestar los mareos matinales.

🖐 En el segundo trimestre, puedes seguir practicando natación aunque hayas engordado, pues es un deporte fácil de realizar durante el embarazo: el agua aguanta las articulaciones y ligamentos, evita las lesiones y te protege de un sobrecalentamiento.

🖐 Durante el tercer trimestre, puedes apuntarte a clases de ejercicios prenatales en el agua.

Ejercicio con pesas

El entrenamiento con pesas te ayudará a prepararte para levantar y llevar al niño, que cada vez pesará más. Si no has realizado con anterioridad ningún ejercicio de fuerza, pide consejo a un profesional cualificado para enseñar a embarazadas. Proponte mover una pesa o una resistencia hasta que los músculos empiecen a fatigarse. Una madre nos dice que una forma sencilla de empezar en casa es llevar unas latas de conserva de medio o 1 kilo mientras damos un paseo de unos 10 minutos a paso ligero.

Ejercicio

Si ya entrenabas con pesas...

Durante el primer trimestre, probablemente puedas proseguir con el ritmo habitual de ejercicios, pero debes prestar atención a la técnica que usas. Realiza movimientos lentos y controlados para levantar las pesas, en vez de basarte en el impulso para alzarlos. Así evitarás lesiones en las articulaciones, que están más flojas debido a una hormona característica del embarazo, la relaxina.

En el segundo trimestre deberías evitar levantar pesas de pie. Las paredes de los vasos sanguíneos están afectadas por las hormonas que produce el embarazo y tienes más propensión a las venas varicosas y a la acumulación de sangre en los miembros inferiores, lo cual puede provocar que te sientas aturdida y mareada. Realiza estos ejercicios sentada.

En el tercer trimestre no debes tomar otras precauciones adicionales, sino simplemente informar al médico o a la comadrona de que realizas este tipo de entrenamiento.

Ejercicio

Mancuernas

Sentada recta en el borde de una silla robusta, con las rodillas dobladas y los pies completamente apoyados en el suelo y separados a la misma distancia que los hombros, toma una mancuerna (de medio kilo a 2,5 kilos) en cada mano. Con las palmas de las manos hacia arriba, levanta las pesas por encima del hombro y luego bájalas hasta la altura del hombro. Haz pocas repeticiones, descansa y haz otra serie. No te olvides de contraer los músculos abdominales y juntar bien los omóplatos, así como respirar rítmicamente. Un consejo: si necesitas más apoyo, siéntate más atrás en la silla.

Ejercicio

Remo

Sentada en el suelo con la espalda recta, las piernas estiradas hacia delante y las rodillas ligeramente dobladas, pasa una cinta elástica de deporte por debajo de los pies y sujeta los extremos con las manos. Mantén los codos doblados y pegados a los costados, con las palmas de las manos mirando hacia el cuerpo. Estira la cinta hacia el pecho empleando los músculos del centro de la espalda, hasta que los codos estén detrás del tronco.
No te olvides de contraer los músculos abdominales, juntar los omóplatos y respirar rítmicamente.
Un consejo: no te inclines hacia delante.
Si necesitas aumentar la resistencia, haz la cinta más corta, asiéndola más cerca del pie.
Utiliza una silla si necesitas más apoyo.

Bailar

Puedes bombear la sangre al corazón bailando tranquilamente al son de tu música preferida en el salón de tu casa. Pero evita los movimientos que te exijan dar brincos, saltar o girar. Recuerda que la técnica es importante y que hay algunos trucos para que no fuerces demasiado las articulaciones. Evita los cambios de dirección rápidos y repentinos. Mantén la pelvis fija y centrada cuando te menees (no sacudas las caderas). Mantén las caderas niveladas y la barriga hacia adentro cuando levantes las rodillas; evita hacerlo con los brazos en alto, sobre todo cuando te desplaces de sitio, pues forzarías la parte baja de la espalda.

Ejercicio

Unas clases de baile

Apuntarte a unas clases te permitirá mantenerte en forma, dejarte llevar por la música y conocer a otras personas. En teoría, también puedes practicar en casa, con la ayuda de un vídeo, pero es mejor asistir a clases especiales para embarazadas, puesto que allí estarás acompañada por otras mujeres en tu mismo estado y te asegurarás de que el instructor está cualificado para adaptar los ejercicios a las necesidades de las futuras madres. Si ya asistías a clases de aeróbic, comenta al entrenador habitual que estás embarazada, porque puede sugerirte formas de adaptar los movimientos.

Ejercicio

Elevación de brazos

Este ejercicio contribuye al aumento del flujo sanguíneo, al estiramiento de la espalda (y por lo tanto, a disminuir la tensión dorsal que padecen las embarazadas) y a relajar tensiones y disminuir el estrés.

Eleva los brazos por encima de la cabeza, manteniendo los codos rectos y las palmas de las manos encaradas. Mantén esta posición al menos 20 segundos y luego baja los brazos por los lados manteniendo recta la zona alta de la espalda. Luego junta el dorso de las manos por detrás de la espalda, lo más lejos que puedas, y estira. Repite todo el ciclo cinco veces.

Musculatura abdominal

Si bien durante el embarazo los músculos abdominales se vuelven más blandos, es importante revisar la separación de estos músculos, que puede aumentar de forma significativa el dolor de espalda, pues dichos músculos son los encargados de controlar la postura y la inclinación de la pelvis. Para revisar esta separación, túmbate de espaldas con las rodillas dobladas y los pies bien apoyados en el suelo. Lentamente acerca la barbilla al pecho, levantando la cabeza y los hombros hasta que el cuello esté a unos 15-20 cm del suelo. Mantén un brazo extendido delante, y con la mano del otro, busca un espacio (normalmente aparece en los primeros meses de gestación o en el posparto) o un bulto (en los últimos tres meses de gestación) en el centro del abdomen. Si encuentras alguna separación, cruza las manos sobre la zona abdominal para aguantar y «soldar» los músculos. Debes sacar el aire mientras levantas la cabeza, para disminuir la presión en el abdomen. Evita el abultamiento en el abdomen contrayendo los músculos abdominales cuando subes y sin hacer ninguna tensión.

Inclinación pélvica

Este ejercicio es importante porque sienta las bases de una buena postura y refuerza los músculos abdominales y dorsales, con lo que disminuye la fatiga y la tensión en la espalda. Practícalo a menudo.

Échate de espaldas con las rodillas dobladas. Respira por la nariz y tensa los músculos del estómago y los glúteos. Con la zona lumbar pegada al suelo, empieza a levantar la pelvis, es decir, los huesos de la cadera y el sacro. Cuenta hasta cinco mientras sacas el aire lentamente. Vuelve a la posición inicial y repite el ejercicio. También puedes realizar la inclinación pélvica apoyándote en las manos y las rodillas o de pie. Una precaución: no arquees la espalda, ni saques la barriga ni te impulses con los pies para lograr la inclinación.

Ejercicio

Abdominales

Unos abdominales suaves pueden prevenir muchos dolores de espalda; ésta es una lección que aprendí a base de no hacerlos. Hay dos variantes:

👋 Para hacer abdominales de frente debes echarte de espaldas con las rodillas dobladas e inspirar lentamente por la nariz. Saca el aire por la boca entreabierta mientras levantas la cabeza, con las manos apuntando a las rodillas o apoyadas en la nuca. Hunde la barbilla hacia el pecho y levanta los hombros del suelo (pero no más de 45 grados).

👋 Para los abdominales laterales, túmbate igual que antes. Apunta la mano derecha a la rodilla izquierda mientras levantas la cabeza y el hombro derecho. Respira lentamente por la boca. Mantén la rodilla izquierda ligeramente doblada y el talón izquierdo en el suelo.

Ejercicio

Estiramiento de la pantorrilla

Éste es un ejercicio ideal para hacer antes de irte a la cama, sobre todo si por la noche sufres calambres en las piernas, que pueden ser muy dolorosos y hacerte sentir como si te hubiera pateado una mula.

Apoya un lado del cuerpo contra una pared u otra superficie estable. Echa una pierna hacia atrás sin despegar el talón del suelo. Inclínate hacia la pared para aumentar el estiramiento de la pantorrilla. Mantén la postura unos 20-30 segundos y repite con la otra pierna.

Ejercicio

No te agotes

Hacer gimnasia es duro. Yo, por ejemplo, no soy la clase de persona que se levanta a las 6 de la mañana para ir al gimnasio. Podría simular lo contrario, pero no es cierto. Sin embargo, me gusta ir a dar un paseo después de cenar o subir una cuesta que hay cerca de casa unas cuantas veces después de recoger el correo. Imagina lo que puedes hacer para mantenerte en forma: no hace falta que levantes pesas. En todos los pisos de mi casa tengo suelos de madera y si me lleva una hora barrer y pasar la mopa por todo el suelo, me siento como si hubiera empleado 30 minutos en la cinta de andar. Cortar el césped con una segadora manual, pasar la aspiradora unos 15-20 minutos, ir en bicicleta a la tienda del barrio a comprar el periódico cada día... son unas buenas maneras de hacer ejercicio sin tener que «hacer gimnasia».

Ejercicio

Preparándote para el parto

Adquirir un mayor control de la respiración puede ayudarte a sobrellevar el dolor; además, si el parto es largo, tener una mayor resistencia va a serte de gran ayuda. Si practicas inspirando por la nariz y expulsando el aire por la boca mientras realizas los diferentes ejercicios, desde andar a efectuar estiramientos, vas a aprender unos ejercicios de respiración que te servirán luego durante los trabajos del parto.

Ejercicios para reposicionar al bebé

¿Son realmente efectivos los ejercicios para conseguir que el niño adopte una postura correcta que le permita salir de cabeza a la hora del parto? Según Peg Plumbo, enfermera y comadrona diplomada, sí pueden ser efectivos. «Hay pruebas de que los ejercicios de nalgas funcionan, pero como muchos niños se dan la vuelta espontáneamente antes de las 34 semanas, su eficacia es difícil de confirmar. Estos ejercicios normalmente se basan en colocarse de manera que las nalgas estén en una posición más elevada que la cabeza. Algunas mujeres se tienden sobre una tabla de planchar, colocada de forma inclinada con un extremo apoyado en el sofá y el otro en el suelo. Si permaneces tumbada en esta posición durante 20 minutos, tres veces al día, es posible que des al niño el mensaje de que debe darse la vuelta, pero si te mareas o te aturdes no debes proseguir con el ejercicio. Espero que te funcione, aunque en la mayoría de los casos el niño adopta la posición correcta él solito sin necesidad de ningún método especial».

A mí me ha funcionado...

Alimentación

Si bien es cierto que en los primeros meses, sobre todo si sufres mareos muy fuertes, deberías comer lo que te apeteciera, debes tener presentes unas buenas normas nutricionales a lo largo de todo el embarazo. No siempre necesitas comer por dos, sino recordar que todo lo que te llevas a la boca va a parar a tu hijo y contribuye a la formación de sus células cerebrales, su médula y los 10 deditos de las manos y los pies que quieres ver cuando nazca.

Hay mucho donde elegir en cuanto a alimentación, y lo que tú quieres es lo que sea mejor para ti y para él. Pero no debes preocuparte: esto no es un sermón para decirte que no te atrevas a tocar el chocolate. Lee este capítulo para informarte de cómo puedes comer chocolate sin dejar de alimentarte correctamente. Los consejos que te

Alimentación

damos aquí no pretenden convertir tu alimentación en una experiencia amarga y represora, sino ayudarte a encontrar los alimentos más beneficiosos y a disfrutar de ellos.

… Alimentación

Cambio de hábitos

Seguramente piensas que te será muy difícil cambiar tus hábitos alimenticios, pero según mi propia experiencia, este cambio sólo es uno más entre los muchos que experimenta el organismo durante el embarazo. Puedes abandonar tu apetencia de dulces de golpe; en realidad, es más fácil dejar de comer dulces del todo, porque tomar un poco siempre te deja con ganas de comer más. Fíjate bien en lo que vas a ingerir y piensa si será beneficioso para tu hijo. Si no tienes tiempo, llévate al trabajo una bolsita con frutos secos o una barrita de cereales para picar por el camino.

Alimentación

Tiempo y dinero

Éstas son dos de las principales razones para no comer, o no comer bien, pero en realidad sólo son excusas. Las frutas y las verduras son mucho más baratas que las comidas envasadas y de preparación rápida. Basta con comparar el precio de una manzana o una naranja en el mercado con lo que cuesta una bolsa de patatas fritas. Elige la fruta, pues. En cuanto al tiempo, puedes comerte la manzana en el coche de camino a una reunión o incluso yendo por la calle; de la misma forma puedes comer barritas de cereales, frutos secos variados, yogur y una gran variedad de alimentos saludables.

Alimentación

Vencer los antojos

No te resistas a la tentación de comer encurtidos. Una de las causas del mareo matinal es el bajo índice de sodio en la sangre, que los encurtidos ayudan a aumentar; además, el eneldo que llevan puede suavizar el tracto intestinal. Muchas embarazadas tienen antojos de productos que llevan jengibre, ingrediente que puede aliviar el mareo; pero hay que evitar los suplementos concentrados de jengibre, porque a dosis altas pueden ser perjudiciales para el feto. Consulta la dosis al médico si tienes dudas. También puedes tomar té de jengibre (ver página 35) y comer platos asiáticos aromatizados con jengibre. Los antojos de dulces suelen producirse por un bajón de los niveles de azúcar en la sangre. Para evitarlos, haz comidas regulares y toma tentempiés, así como abundantes cereales integrales. Come dulces con algún contenido nutricional, como polos de fruta, yogures desnatados con sabor a vainilla o frutas, y chocolate con leche.

Alimentación

Suplementos prenatales

Toma un suplemento prenatal cada día. Te proporcionará las vitaminas y minerales que necesitas, como ácido fólico, hierro, cinc, yodo, vitamina D, calcio y vitamina A. Sin embargo, a menos que te aconsejen lo contrario, no deberías tomar suplementos de vitamina A (que ya se encuentra en aceites de pescado, ajo, mostaza, alga espirulina, espinacas, borraja y, por supuesto, zanahorias) directamente o una dosis mayor a 10.000 UL, puesto que en cantidades abundantes puede ser perjudicial para las embarazadas y provocar defectos de nacimiento.

Alimentación

Batido de plátano

Dice una embarazada: «No sé las demás mujeres, pero yo tengo antojos de alimentos congelados. Así que os ofrezco dos recetas que dan muy buen resultado y os irán de perlas». La receta de batido de plátano proporciona mucha proteína, calcio y vitaminas del grupo B, y además es muy digestiva.

ingredientes

Para dos raciones de batido de plátano se necesitan: 1 plátano, 2 tazas de leche de vaca o de soja, un puñado de almendras y 4 cubitos de hielo.

Pela el plátano, córtalo en trocitos y congélalo. Ponlo en una jarra y añade la leche, las almendras y los cubitos. Bate hasta que quede suave.

Alimentación

Polos de calabaza dulce

He aquí la segunda receta para congelar. La calabaza contiene mucha vitamina A y es un alimento excelente para los vegetarianos; las especias le dan un toque más fuerte y le añaden sabor.

ingredientes

Para 4-6 polos se necesitan: 2 paquetes de flan instantáneo de vainilla, 2/3 de taza de leche desnatada o semidesnatada, 1 lata de cabello de ángel, 1 tarrina de nata semidesnatada (o nata para montar), especias al gusto.

Mezcla el flan instantáneo con la leche, añade los demás ingredientes y vierte la mezcla en vasos de papel o plástico. Congela durante media hora o 1 hora y a continuación introduce los palitos en el centro de cada polo. Congela 3 horas más, aproximadamente. Para desmoldar los polos, deja correr agua caliente por el exterior del molde durante unos segundos y sácalos.

Control del peso

En primer lugar, no debes darle excesiva importancia. Si comes normalmente, no deberías ganar demasiado peso. Para que te hagas una idea, las futuras madres necesitan consumir sólo 300 calorías de más al día para atender al crecimiento del niño, calorías que equivalen a un vasito de yogur y una fruta. Las mujeres que tengan un peso normal deberían aumentar unos 11-16 kilos, y las que tengan sobrepeso, unos 7-11. El agua es responsable de casi el 62 % del peso ganado por las embarazadas; el 30 % se debe a las grasas, y el 8 % a las proteínas. Por lo tanto, es importante escoger cuidadosamente los alimentos; por ejemplo, consumir carnes magras como el pescado y el pollo (sin piel), comer huevos, yogur y queso fresco en vez de mantequilla, y beber leche desnatada con el café o té.

Alimentación

¿Aumento de peso?

Si ganas peso muy deprisa y te gustaría reducir el ritmo (no intentes detenerlo completamente), o si el médico te recomienda que hagas un poco de dieta, lo primero que debes hacer es dejar de pesarte. Luego reduce la ingesta de grasas, el único ingrediente nutricional cuya reducción no ofrece ningún riesgo. Por lo tanto, no untes el pan con mantequilla, no aliñes la ensalada con aceite y procura eliminar todos los fritos.

Alimentación

Mellizos: leche extra

Comparadas con una mujer que lleva sólo un niño, las embarazadas de mellizos necesitan comer de 500 a 1.000 calorías adicionales al día y aumentar en 21 gramos la ingesta de proteínas a partir de la 20ª semana de gestación. En total, se necesitan de 85 a 115 gramos de proteínas diariamente. También se necesitan más vitaminas y minerales, sobre todo hierro, por lo que debes tomar diariamente un suplemento vitamínico prenatal.

Una de las mejores maneras de que tomes tu dosis adicional de proteínas es bebiendo más leche. No es sólo una buena fuente de proteína de alta calidad, sino que además contiene el calcio que tus hijos necesitarán. Un vaso grande de leche te proporciona 7 gramos de proteína.

Pero aunque los suplementos alimenticios líquidos parecen una solución fácil, no siempre son la mejor elección. Si los tomas en vez de ingerir alimentos saludables, te perderás otros nutrientes que se dan en la naturaleza, como la fibra y los

Alimentación

fitoquímicos. Prueba a añadir leche en polvo a los alimentos horneados y a los guisos, y compra yogur y leche con sólidos lácteos añadidos.

Mellizos: otros alimentos ricos en proteínas

Algunos de los mejores alimentos que puedes comer para incrementar la ingesta de proteínas de tus mellizos son el queso, la levadura de cerveza, las semillas de calabaza, los frutos secos y la mantequilla de cacahuete (a menos que tengas alergia a los frutos secos o un historial familiar de atopia), marisco, ternera y ave, así como productos de la soja. Cuando planifiques tus comidas y tentempiés, procura incluir alimentos que ayuden a incrementar el consumo de proteínas. Por ejemplo, en vez de un plato de galletitas saladas, come un puñado de frutos secos, o pon mantequilla de cacahuete en el pan en vez de mantequilla normal. Puedes añadir levadura de cerveza a los batidos de fruta, espolvorear los cereales y los guisos con germen de trigo, añadir frutos secos a los cereales, echar semillas de calabaza en la ensalada, espolvorear queso rallado en los platos de pasta, en los sándwiches poner lonchas de queso bajo en grasas, y sustituir una cuarta parte de la harina por harina de soja en los pasteles y galletas caseros.

Alimentación

Como puedes ver, aunque no te guste la carne o los huevos, tienes una amplia variedad de alimentos ricos en proteínas donde escoger. Y tal vez encuentres la manera de camuflar el huevo en las comidas que te gustan; por ejemplo, las tortitas llevan huevo, pero no saben a huevo. También puedes añadirlo a la carne picada de pavo para hacer hamburguesas de pavo, o hacer natillas con huevo. El budín de arroz (ver página 161) lleva mucho huevo y leche, pero no sabe ni a una cosa ni a la otra.

Alimentación

Comer de fábula con economía

La mayoría no tenemos un presupuesto ilimitado destinado a alimentación, pero tampoco hace falta que sacrifiques una buena nutrición sólo por ahorrarte unos céntimos. Una bolsa de copos de avena integrales es mucho más barata (y dura más) que una caja de cereales azucarados. Compra marcas blancas; muchas veces el producto es tan bueno como el de marca, por más que éste venga muy bien presentado. De hecho, la mayor parte de las empresas que tienen las marcas más populares también elaboran las versiones blancas. De vez en cuando puedes inclinarte por productos congelados en vez de frescos; nutricionalmente, las verduras y los zumos concentrados congelados tienen el mismo valor y suelen ser más económicos. Las verduras congeladas incluso puede ser más nutritivas que las frescas porque se congelaron en el momento de la recolección y no perdieron propiedades debido a un largo transporte por carretera.

Alimentación

Productos de temporada

Acostúmbrate a comer productos de temporada y no sólo vas a ahorrar dinero, sino que apreciarás mejor muchas frutas y verduras. Comer manzanas sólo en otoño es la manera de esperarlas con ganas cada año, así como comer cítricos en invierno, espárragos en primavera y frutas jugosas como las frambuesas. Aprovecha los precios bajos y el hecho de que todos estos productos están en su plenitud nutricional durante su estación natural.

Alimentación

Comer fuera

Evidentemente, comer en casa es siempre la mejor manera de saber lo que se come, pero a veces las chicas quieren salir por la noche... Escoge, pues, el restaurante que mejor se ajuste tus necesidades: que tenga un bufé de ensaladas, la posibilidad de elegir alimentos poco fritos y tal vez postres que no te vayan nada mal. Convierte tu decisión de no tomar alcohol en un capricho: muchos restaurantes, en especial los que cuentan con bar, ofrecen zumos de fruta variados. Si te sientes algo desplazada, pide que te añadan al zumo de naranja o de uva un poco de soda y que te lo sirvan en una copa de vino. Escoge los cereales integrales, por ejemplo, en el pan del sándwich, y observa detenidamente la cesta del pan. Los panecillos están hechos casi siempre con harina blanqueada y tratada, por lo que no son muy convenientes. Si comes mucho fuera, tendrías que acostumbrarte a prescindir del pan o buscar un restaurante que tenga una buena selección de panadería.

Alimentación

Haz preguntas y no temas interrogar al camarero, o incluso al jefe de cocina. Hoy en día están acostumbrados a que les hagan preguntas sobre cuestiones diversas, como las alergias alimenticias, por lo que debes preguntar sin miedo para enterarte bien de lo que vas a comer.

Alimentación

En el trabajo

Comer bien en el trabajo es difícil, hay máquinas automáticas en el vestíbulo y un restaurante en la esquina; pero no todo está perdido. En mi despacho tenía un armario que se convirtió prácticamente en una despensa de saludables tentempiés. Puedes almacenar biscotes integrales, un tarro de mantequilla de cacahuete, frutos secos, barritas de cereales, café descafeinado instantáneo y bolsitas para hacer infusiones. Acostúmbrate a utilizar la nevera de la oficina para guardar yogures y otros productos saludables. Y por la mañana, si no estás mareada, dedica un buen rato a prepararte el almuerzo. Puedes poner atún en una pita integral y llevarte algunas verduras crudas para picotear. Hazte una ensalada con lechuga, huevo duro, pavo magro, un poco de queso... y lo que más te apetezca.

Alimentación

Almacenaje

Almacena tus alimentos preferidos, compra grandes cantidades de una vez y congélalas para consumirlos más adelante. Comprar en cantidades mayores siempre sale más a cuenta que hacerlo poco a poco. También puedes preparar comida con antelación cuando se te presente una buena oferta; es una manera de ahorrar tiempo y dinero.

Alimentación

Buenos utensilios

Lo más divertido de alimentarte mejor es que puedes comprar nuevos utensilios. Si no puedes permitirte comprarlos nuevos, puedes acudir a una tienda de segunda mano o destinar algún sábado a los mercadillos, pues mucha gente compra nuevos utensilios de cocina y quiere deshacerse de los que le sobran.

✋ Una olla para cocer al vapor es muy práctica y saludable. También puedes comprar un accesorio que se adapta a las ollas normales para cocer las verduras al vapor.

Alimentación

👋 Compra sartenes antiadherentes y recipientes para el horno, pues te darán la posibilidad de no tener que freír y poder cocer al horno con un poco de aceite o mantequilla.

👋 Las espátulas y cucharas de nailon resistentes al calor son muy prácticas para no rallar las piezas antiadherentes.

👋 Un termómetro para la carne te dará la seguridad de que todas las carnes quedan bien cocidas, de forma que se eliminen todas las bacterias.

👋 Una pequeña balanza para pesar porciones es muy práctica si quieres controlar el aumento de peso.

👋 Asegúrate de usar esponjas diferentes para los platos y para la encimera. Cuando se ponen pringosas, sumérgelas en una solución con un tapón de lejía por dos tazas de agua caliente durante unos 15 minutos, o bien tíralas y sustitúyelas por otras nuevas.

Alimentación

El pescado es muy bueno para ti

Además de su sabor delicioso y de que añade variedad a tu dieta, el pescado y el marisco son muy nutritivos y te proporcionan proteína de primera calidad, vitaminas A, B (incluida la B12) y D, minerales importantes (como hierro, calcio, yodo y fósforo) y ácidos grasos esenciales (como los omega-3). Las investigaciones han demostrado que comer pescado es un excelente hábito alimenticio y que no hay período en que sea más importante que durante y después del embarazo. El pescado graso y los aceites de pescado son algunas de las fuentes más abundantes de vitaminas A y D, y la antigua costumbre de dar a los niños una cucharada de aceite de hígado de bacalao cada día para protegerlos de enfermedades y de los resfriados del invierno era muy eficaz. Sin embargo, como los aceites de hígado de bacalao y halibut tienen un alto contenido en vitamina A, es mejor no tomar suplementos de las vitaminas de este grupo durante el embarazo, a menos que los prescriba el médico, pero se puede comer pescado perfectamente. Hay que

Alimentación

tener en cuenta que las autoridades sanitarias recomiendan que las mujeres embarazadas no coman tiburón, pez espada, pez sierra o caballa, debido a su alto contenido en mercurio. También deberían limitar el consumo de atún.

Si bien el pescado no es una fuente tan rica de calcio como la leche y los productos lácteos, estudios realizados en Sudáfrica demuestran que las mujeres que comen pescado en lata, como por ejemplo sardinas (incluidas las espinas), obtienen una cantidad considerable del calcio que necesitan diariamente. Además, el pescado es rico en fósforo, que contribuye a reforzar los huesos y los dientes del niño y a regular su sistema nervioso.

Alimentación

Limpia el frigorífico

¿Cómo pasar de largo ante esos horribles recordatorios que acechan en tu cocina y que te recuerdan que no siempre comes todo lo bien que te habías propuesto? Limpia los armarios, la despensa y el frigorífico. ¿Guardas un alijo de golosinas o un armario lleno a rebosar de galletas? Llévatelas al trabajo; tus compañeros estarán encantados y tú no tendrás más tentaciones. ¿Queda media tarta en el frigorífico? Congélala y la tendrás a punto para cuando te visiten las amistades.

Alimentación

Comidas regulares

Comer regularmente durante el embarazo es una forma de asegurarte que te sentirás bien y no te desmayarás a causa de un bajón de azúcar. Si no puedes enfrentarte al desayuno durante los tres primeros meses del embarazo, en que muchas futuras madres están atormentadas por los mareos, mordisquea unas pastas secas o chupa una rodaja de limón o cubitos de hielo al despertarte para disipar las náuseas. Cuando te sientas mejor, toma un desayuno ligero o frutas y cereales con yogur. Dividir la ingesta de alimentos en seis comidas frugales al día es otro buen sistema para combatir el mareo, prevenir la hinchazón y asegurarte un buen consumo de nutrientes. Y por la noche, tomar un vaso de leche con una galleta integral puede ayudarte a dormir, pues la leche es rica en triptófano, un aminoácido que favorece el sueño. También puedes poner dos cucharadas de miel en un vaso de crema de leche y añadir el zumo de un limón; esta bebida es buena para las personas que padecen intolerancia a la lactosa (ver página 154) o no pueden beber leche pura sin que les provoque ruido de tripas.

Alimentación

Es cosa de todos

Comer correctamente no es bueno únicamente para la embarazada, sino para la familia entera, aunque te crean o no. Si eres tú la encargada de hacer la comida para todos, te será mucho más fácil introducir algunos cambios. Si sólo llevas a casa panes integrales, verduras de hoja verde y carnes magras, la familia no tendrá más remedio que comérselas. Compra pensando en tu futuro hijo y prepara comidas (en las páginas 156-163 damos unas cuantas buenas recetas) que se ajusten a tu reciente decisión de comer bien. Tu comprensivo marido o compañero lo entenderá y colaborará gustoso en tu nueva campaña (pero no le riñas si le encuentras un paquete de galletas en el coche). En cuanto a los niños, a estas alturas ya deberían haber aprendido el ritual de «come lo que te pongo». De todas formas, no atribuyas al bebé la falta de galletas en la despensa. Infórmales de que es un cambio en el estilo de vida, y no culpa de su futuro hermano. Haz lo posible por sustituir los dulces a los que estaban acostumbrados por otros dulces

Alimentación

alternativos, como cereales para el desayuno, galletas de avena y otras golosinas. Si vas a tener a tu primer hijo, empezar con este tipo de alimentación y proseguirlo después del nacimiento, te va a asegurar que a tu hijo le parezca de lo más normal que en la bolsa del almuerzo lleve pan integral cuando vaya a la escuela.

Los efectos del alcohol

¿Sólo una copita? Beber alcohol durante el embarazo es algo que debes discutir con el médico. ¿Cuál es mi consejo? No bebas, y te voy a decir por qué. He leído muchos informes que dicen que todo alcohol es malo, o sólo algún tipo, o que una o dos copas a la semana no hacen daño, y he llegado a la conclusión de que es casi imposible saberlo exactamente. Lo que sí se sabe es que demasiado alcohol puede tener un efecto negativo en el niño, ya sea porque eleva el riesgo de aborto o, si bebes mucho, porque provocarías un síndrome alcohólico en el feto. Para ti puede ser muy difícil, sobre todo si eres una

Alimentación

bebedora social, renunciar a la bebida, pero debes recordar que cuando la madre bebe, el niño también bebe. Para mí fue más fácil no beber nada de alcohol. Nunca he sido bebedora, así que tampoco me resultó complicado, pero nunca me sentí excluida en las fiestas. La gente siempre se desvive por dar a las embarazadas alguna bebida que no tenga alcohol. Un par de soluciones, en especial para los actos sociales, es beber daiquiris sin alcohol o Bloody Marys también sin alcohol, son muy nutritivos. Si la ocasión te lo permite, llévate tu propio batido.

Si acabas de enterarte de que estás embarazada y de repente te acuerdas de que una noche (o unas cuantas noches) bebiste demasiado, no te preocupes. Es improbable que perjudicaras al niño. Sin embargo, puedes informar de ello a tu médico para quedarte más tranquila. Sé honesta al declarar lo que bebiste: no está aquí para juzgarte, sino para ayudarte a dar a luz a un niño sano.

Alimentación

Desterrar el hábito de la cafeína

En este tema sí tengo algo qué decir, porque me fastidiaba no poder tomarme el café de la mañana. Pero si quieres dar al niño las máximas probabilidades de que nazca sano, es una buena idea reducir el consumo de cafeína o dejar de tomarla. Las autoridades sanitarias recomiendan tomar menos de tres tazas de café al día. Hay estudios que demuestran que las embarazadas que beben café tienen bebés más pequeños que las que no lo hacen. Pero la falta de cafeína te puede hacer sentir cansada y malhumorada, por lo que deberías buscar otros «estimulantes» sustitutivos. Mi favorito era un par de galletas por la tarde, aunque sería más apropiado hacer ejercicio o tomar un tentempié a base de proteínas. Recuerda que el té de Ceilán o los refrescos también llevan cafeína. Yo descubrí que una mezcla de agua carbonatada con zumo era una excelente alternativa.

Alimentación

Infusión fría

Hay muchas bebidas nutritivas para que las futuras madres no tengan que castigar al bebé con un exceso de cafeína. Yo me preparaba muchas infusiones.

ingredientes

Para una jarra de infusión se necesita: 1 litro de agua hirviendo, 5 o 6 bolsitas de hierbas para infusión, el zumo y la ralladura de 2 o 4 naranjas o limones, cubitos de hielo y azúcar al gusto.

Pon las bolsitas en una jarra con el agua hirviendo y deja reposar durante 15 minutos. Añade el zumo del cítrico y la ralladura, y finalmente el azúcar al gusto (que no sea aspartamo, que es un sucedáneo) y los cubitos.

Alimentación

Agua, agua y más agua a todas horas

Beber abundantes líquidos, sobre todo agua pura, es una excelente manera de que tu cuerpo elimine más residuos a través de la piel, riñones e intestinos. Recuerda que durante el embarazo realizas el doble de limpieza. Por lo tanto, vas a hacerte un favor a ti misma y a tu hijo si ingieres una gran cantidad de líquidos. Pero debes evitar las bebidas frías con gas, sobre todo las edulcoradas artificialmente, porque pueden provocarte mareos. Y hasta que no se hayan investigado mejor los posibles efectos de los edulcorantes artificiales sobre el desarrollo del feto, es mejor que evites del todo estos productos durante el embarazo.

Si vives en una zona donde el agua no ofrece las garantías suficientes, hierve el agua del grifo y refrigérala antes de emplearla. Los filtros de agua también constituyen una buena solución, y hoy en día existen algunos bastante económicos. Proponte beber seis vasos de agua al día y no te olvides de

Alimentación

tomar zumos de fruta (aquellos que te exprimas tú misma serán los más frescos de todos y te proporcionarán una energía sana), té rojo (Rooibos) y leche para complementar tu ingestión de líquidos. Si compras zumo de naranja, asegúrate de que contiene «100 % zumo de naranja» (de naranjas auténticas, de un naranjo), y no «100 % aroma de naranja».

Alimentación

Bajo en grasas no significa bajo en sabor

He aquí algunas ideas sencillas para ayudarte a eliminar el exceso de grasa de tu dieta, si estás intentando mantener a raya el peso. A mí, por ejemplo, me encantan la mantequilla y el aceite de oliva, y estos trucos sencillos de otras madres me resultaron útiles para poder seguir tomando la mantequilla con las tostadas (integrales) en el desayuno.

Alimentación

🖐 Utiliza una sartén antiadherente y emplea agua o caldo para evitar que la comida se pegue.

🖐 Come carne a la parrilla en vez de frita; la grasa se desprende de la carne en vez de inundar toda la comida.

🖐 Puedes asar la carne en una sartén con parrilla incorporada para que la grasa se escurra.

🖐 En una receta de tarta sustituye la mitad del aceite por salsa de manzana. Lo he hecho durante mucho tiempo y nadie ha notado la diferencia.

🖐 Reduce la grasa del aliño de la ensalada sustituyendo la mitad del aceite por agua. Para conseguir aliños más cremosos, utiliza crema de leche, yogur o queso fresco en vez de nata o mayonesa.

Sobre el azúcar

No suprimas totalmente el azúcar. Añadido con moderación hace los alimentos más apetitosos; por ejemplo, un poco de azúcar moreno sobre unos copos de avena. El azúcar que aparece en las etiquetas de los alimentos suele ser una combinación de azúcar natural y añadido. Si lleva la terminación «-osa», es azúcar disfrazado. Otros escondrijos del azúcar son el jarabe, la miel, edulcorantes de maíz, jarabe de maíz, concentrado de zumo de frutas, jarabe de maíz con alto contenido en fructosa y el azúcar invertido. Reduce la cantidad de azúcar cuando elabores pasteles: puedes llegar a escatimar un tercio sin que se note la diferencia en el producto final. Bollos, magdalenas integrales o tortitas pueden sustituir a los donuts o a la repostería industrial. Añade frutas frescas a los cereales para darles un sabor dulce y natural.

Alimentación

Postres

No conviertas los postres en una constante de cada comida; es mejor que los reserves para las ocasiones especiales, para el fin de semana o las comidas en familia. Para los días de entre semana puedes poner fruta fresca. Así tomarás un alimento muy saludable sin desatender tu apetencia por lo dulce. También puedes utilizar fruta fresca para endulzar el yogur natural; las bayas trituradas mezcladas con el yogur son un excelente tentempié de media tarde.

Alimentación

Los dientes del niño

Muchas mujeres han oído decir que la madre puede perder el calcio de los dientes durante el embarazo, y me han llegado a consultar sobre el tema. Según algunos dentistas no se tienen datos científicos para pensar que los dientes de la madre pierden calcio durante el embarazo. Se trata de una falsedad que se ha perpetuado hasta tal punto que muchas personas lo aceptan como un hecho. El calcio que el niño necesita lo obtiene de una dieta adecuada, no de los dientes de la madre.

Las mujeres embarazadas necesitan 1.000 mg de calcio al día para mantener su dentadura y sus huesos y ayudar a la formación de los de su hijo. Como mínimo tres dosis de leche, queso o yogur cada día deberían proporcionar el calcio suficiente. Sin embargo, si la embarazada tiene deficiencia de este mineral, el tocólogo le puede recomendar suplementos para asegurar que sus huesos no pierdan calcio y se vuelvan débiles, lo que conllevaría un riesgo de padecer osteoporosis más adelante.

Alimentación

Debes asegurarte de que no olvidas el cuidado de tus dientes durante el embarazo. Los cambios hormonales alteran el medio oral y hacen que los dientes sean más susceptibles de deteriorarse. Las futuras madres incrementan la toma de tentempiés durante el embarazo, y aunque es totalmente normal, la mayor frecuencia de comidas influye inevitablemente en el deterioro de la dentadura. Debes procurar cepillarte bien los dientes y utilizar bien el hilo dental después de comer, aunque sea pequeñas cantidades.

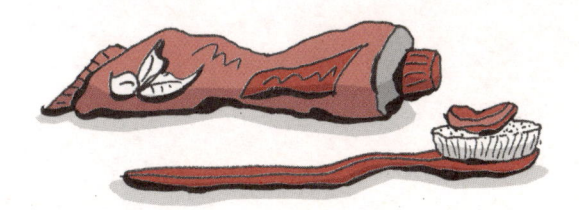

Intolerancia a la lactosa

Durante el embarazo, puede que notes algunos síntomas que se interpreten como intolerancia a la lactosa, si bien es raro que este problema surja como consecuencia de un embarazo. Lo que te puede ir bien es reducir la cantidad de productos lácteos que ingieres cada vez. Por ejemplo, en vez de un vaso de leche lleno, toma sólo medio. Come y bebe en cantidades menores, pero con mayor frecuencia. Algunos productos lácteos se toleran mejor que otros durante el embarazo. Por ejemplo, el yogur (cuya lactosa es digerida parcialmente por las bacterias del cultivo) puede ser más fácil de digerir, mientras que la grasa suele tardar más. Consume quesos y productos lácteos con poca grasa o ninguna, y leche desnatada. Si los síntomas continúan, prueba a beber leche con bajo contenido en lactosa para ver si te alivia.

Alimentación

Una lección de lectura

En las etiquetas de los productos se asegura que éstos son muy saludables, evidentemente; pero ¿lo son de verdad? Tus nuevos hábitos alimenticios te convertirán en una de aquellas mujeres que ves en el supermercado leyendo todas las etiquetas. Puede ser duro... pero acostúmbrate. Te quedarás pasmada al ver cuántos panes «saludables» contienen harina blanqueada o jarabe de maíz con un alto contenido en fructosa. No te fíes nunca de expresiones como «100 % natural», «light» o «ecológico», a menos que la lista de ingredientes lo confirme.

Alimentación

Sopa de alubias y pasta

Éste es un plato que tiene de todo: proteínas, hidratos de carbono, vitaminas y minerales... un alimento excelente que nutre la mente y el cuerpo.

ingredientes

Para 8 personas: 2 tazas de alubias (1 paquete de 500 g) del tipo que prefieras (una sopa mezclada es vistosa y divertida); agua para cubrirlas (unos 2 litros); 2 litros de caldo (de pollo, ternera o verduras); 1 cebolla grande, troceada (unas 2 tazas); 1-2 tazas de zanahoria rallada; 1-2 tazas de apio troceado; 3-4 dientes de ajo picados (puedes poner más o menos, según tus preferencias); 500 g de tomates ciruela (u otra variedad), pelados y troceados (o bien una lata de 400 g); 1 cucharada de albahaca fresca (o 1 cucharadita, si es seca) o un poco de orégano, mejorana, ajedrea, etc. (las hierbas que más te gusten); 1 cucharada de perejil fresco, picado (o 1 cucharadita, si es seco); 1 taza de pasta de tu elección, pequeña o partida en trozos; 500 g de salchicha (normal, picante o una mezcla de ambas), cocida, escurrida de grasa y desmenuzada.

Alimentación

La noche anterior, pon las alubias en el agua y déjalas en remojo de una hora y media a dos horas antes de cocinarlas. Escúrrelas, ponlas en una olla y añade el caldo. Vierte el resto de los ingredientes excepto la pasta y la salchicha, lleva a ebullición y deja hervir a fuego lento hasta que las alubias estén casi hechas.

Añade la pasta y la salchicha y cuece a fuego lento hasta que la pasta esté cocida. Sirve la sopa acompañada de una ensalada verde y pan crujiente.

Alimentación

Pizza vegetal al horno

También puedes hacer una pizza y comértela. La masa está riquísima: no es grasienta y se hace con masa de pan. El relleno puede variarse al gusto de cada cual.

ingredientes

Para una pizza de 45 x 30 cm con una masa de grueso medio, o 2 pizzas redondas de masa fina de 30 cm de diámetro, se necesita:

Masa: 2 1/3 tazas de harina sin blanquear; 1/2 taza de harina de sémola o harina de maíz gruesa; 1 1/3 cucharadita de sal; 2 cucharaditas de azúcar; 2 cucharaditas de aceite de oliva; 1 cucharadita de levadura instantánea; 1 taza de agua más 2 cucharadas.

Relleno: 1 taza (225 g) de queso ricotta; 1/3 de taza de salsa pesto preparada; 1/2 taza de queso parmesano rallado; sal y pimienta al gusto.

Cobertura: verduras variadas en rodajas, ligeramente asadas (25-30 minutos) en el horno precalentado a 220 °C.

Alimentación

Mezcla todos los ingredientes de la masa y trabájalos (a mano, con un batidor de varillas, con una máquina de hacer pan o un robot de cocina) hasta conseguir una masa suave y tierna. Colócala en un cuenco ligeramente engrasado, cúbrelo y deja que la masa suba durante 1 hora. Deshincha la masa con suavidad y vuelve a ponerla en el cuenco, cúbrela y métela en el frigorífico durante varias horas o toda la noche.

Para hacer el relleno, mezcla en un cuenco el queso ricotta, la salsa pesto, el parmesano, la sal y la pimienta. Guarda en el frigorífico hasta el momento de utilizarlo.

Para montar la pizza, divide la masa en dos partes o déjala entera, si quieres la masa más gruesa. Rebájala con el rodillo o aplánala con los dedos hasta conseguir el grosor y el tamaño deseados. Colócala en un molde ligeramente engrasado, cubre y deja reposar unos 30 minutos mientras precalientas el horno a 200 °C. Para cocerla, hornea la masa sola durante 10 minutos. Sácala del horno, pincha las posibles burbujas y extiende encima el relleno y las verduras asadas. Devuelve al horno y cuece unos 12-15 minutos más, hasta que el queso burbujee y la masa esté dorada.

Alimentación

Filetes deliciosos de salmón

El salmón se cuece muy bien en el microondas y tiene muchas propiedades. Estos filetes necesitan muy pocos adornos.

ingredientes

Para 2 personas: 2 filetes de salmón de 170 g; sal y pimienta recién molida; el zumo de 1/2 limón (opcional); unas cuantas hierbas frescas para espolvorear, como albahaca, eneldo o estragón (opcional).

Lava los filetes, sécalos con unos golpecitos y colócalos en un plato. Sazona y espolvorea con el zumo de limón y las hierbas, si quieres. Cubre bien el plato con plástico transparente, pinchado por varios sitios. Cuece en el microondas durante unos 2-3 minutos, hasta que la carne se vea opaca. Deja reposar 1-2 minutos más y comprueba si el salmón está hecho. Si es necesario, cuécelo de medio a 1 minuto más. Echa el jugo de la cocción por encima del pescado y sirve.

Alimentación

Budín dulce de arroz y pasas

Prueba esta receta para postre, desayuno o para comer entre horas. Una ración proporciona 150 mg de calcio, además de abundante proteína de alta calidad y muchas vitaminas del grupo B.

ingredientes

Para 2 personas: 2 tazas de arroz integral cocido; 2 huevos; 2 tazas de leche; 1/4 de taza de leche en polvo desnatada; 1/2 cucharadita de canela; 1/2 taza de pasas; 1/2 cucharadita de vainilla en polvo; 1/3 de taza de miel; nuez moscada.

Precalienta el horno a 180 °C. Mezcla todos los ingredientes y viértelos en un molde para el horno engrasado. Espolvorea con nuez moscada recién rallada y hornea 30 minutos o hasta que haya cuajado. Sirve caliente, templado o frío.

Alimentación

Pan de arándanos y albaricoques

Este pan rápido de hacer es una gran fuente de vitamina C y lleva frutas desecadas, como arándanos, albaricoques y otras, sobre una base cremosa aromatizada con naranja y canela. Si piensas servir pavo durante las fiestas, este pan es un excelente acompañamiento.

ingredientes

Para una molde alargado (unas 16 raciones): 1/2 taza de mantequilla a temperatura ambiente; 3/4 de taza de azúcar; 1/4 de cucharadita de aceite de naranja o 2 cucharaditas de ralladura de naranja; 1/4 de cucharadita de levadura; 1 cucharadita de canela; 1/2 cucharadita de nuez moscada; 3 huevos; 1 3/4 tazas de harina sin blanquear; 1/2 taza de leche; 1 taza de arándanos desecados; 1/2 taza de albaricoques desecados, cortados en dados o en rodajas; 1/2 taza de pacanas o nueces, troceadas (opcional).

Alimentación

Precalienta el horno a 180 °C. En un cuenco de tamaño medio, bate la mantequilla con el azúcar, el aceite de naranja o la ralladura, la sal, la levadura y las especias hasta que todo esté bien mezclado. Vierte los huevos de uno en uno y bate bien hasta conseguir una crema suave y esponjosa. Añade la harina y luego la leche, mezclando bien después de incorporar cada ingrediente. Añade los arándanos, los albaricoques y los frutos secos removiendo suavemente.

••

Vierte la masa en un molde alargado para pan, engrasado, de unos 22 x 11 cm. Cuece el pan en el horno durante unos 50-55 minutos o hasta que pinchando un alambre en el centro, salga limpio. Saca el pan del horno y déjalo enfriar en el molde unos 10 minutos. Vuélcalo y déjalo enfriar completamente sobre una rejilla.

A mí me ha funcionado...

Vestido

«¡Qué horror! No parezco embarazada, sino anticuada y sin ninguna gracia.» Ésta es una frustración común que aparece en el segundo trimestre. De hecho, el 63 % de las mujeres encuestadas alrededor de su 15ª semana de embarazo afirmaban experimentar esta desagradable etapa de transición. Puede que tengas el vientre lo bastante crecido para que no te sientas cómoda con la ropa normal y que los vestidos de premamá todavía sean enormes para ti.

Por suerte, las camisetas con el lema «Bebé en camino» son cosa del pasado. Hoy en día, incluso los diseñadores de primera fila mundial tienen líneas de premamá y hay mucho más donde elegir. Personalmente,

Vestido

no me gustaba ir a comprar ropa de premamá, en gran parte porque no consideraba la posibilidad de tener otro hijo y no quería gastar dinero en vestidos que sólo llevaría unos cuantos meses. Así que aquí os ofrezco unas cuantas ideas para ayudaros a encontrar lo que necesitéis, a ahorrar y a aprovechar todo lo que tengáis (o tenga vuestra pareja) en el armario.

Vestido

Una buena relación calidad-precio

Lo prohibitivo de la ropa para embarazadas es que hay que realizar una fuerte inversión de dinero en unas prendas se usan durante un breve período de tiempo. Pero este problema tiene varias soluciones:

☙ Saca el mayor partido a tus compras: hay vestidos que puedes comprar y que te servirán durante el embarazo y la lactancia. También hay conjuntos no muy caros que, añadiéndoles una camiseta, constituyen un vestuario completo y cuestan mucho menos de lo que gastarías en dos trajes muy bonitos.

☙ Pide y toma prestado: pregunta a las amigas o familiares si tienen vestidos para prestarte, pues la ropa de premamá suele circular de una amiga a otra.

☙ Compra tallas grandes: puedes ahorrar si compras ropa de tallas mayores, aunque no sientan tan bien como la que está hecha específicamente para las embarazadas.

☙ Asalta el armario de tu marido: si tu pareja tiene una talla mayor que la tuya, no te reprimas y pídele lo que necesites; dile que te lo he dicho yo...

Vestido

🖐 **Descuentos.** Compra en mercadillos y tiendas de segunda mano, tiendas de depósito o ventas de fin de temporada. Yo quedé embarazada en marzo y corrí a comprar en las liquidaciones de ropa de invierno para poderla usar en el invierno siguiente. Me ahorré un montón de dinero y conseguí vestidos bonitos para ponerme.

🖐 **Hazte la ropa.** Si eres lo bastante mañosa con la máquina de coser, hacerte tu propio vestuario debería ser como coser y cantar.

Vestido

No escatimes en lo esencial

🖐 Invierte en un buen sostén. Tanto si piensas salir de noche a la ciudad como si quieres pasarte la tarde holgazaneando en casa, tendrás mejor aspecto y te sentirás mejor si la ropa interior que llevas es cómoda. Calcula que los pechos se te hincharán durante la lactancia (algunas mujeres aumentan incluso tres tallas de copa), así que busca sostenes de algodón 100 % con tiras y tirantes anchos para que aguanten el tejido de los pechos cuando crezcan.

🖐 Un buen sostén para el embarazo debería tener varias hileras de corchetes en la espalda para ajustar el contorno. La mayoría de las tiendas especializadas y los grandes almacenes tienen sostenes de futura mamá, bragas, medias y combinaciones.

🖐 Pide consejo a las dependientas para que el sostén sea el más adecuado; es gratis y a la larga notarás la diferencia.

🖐 En mi primer embarazo me gasté mucho dinero en bragas bikini de premamá muy chic (que actualmente son muy vulgares), pero hacia el final del embarazo las abandoné por unas encantadoras bragas de estilo abuela. Con mi tercer embarazo

Vestido

resultó que las bragas bikini que había comprado en una talla mayor realmente me iban mejor, aunque de vez en cuanto prefería ponerme las de la abuela.

Vestido

Si eres alta...

👋 Las faldas a la altura de la rodilla te sientan muy bien porque ayudan a dividir visualmente la altura corporal.

👋 No te vistas toda de un solo color, porque te hará incluso más alta. Es mejor que mezcles y combines colores.

👋 Experimenta con las rayas y los dibujos horizontales, que en tu caso dan mejor resultado.

👋 Prueba las chaquetas largas, ya sea con unos pantalones o encima de un vestido.

Vestido

Si eres bajita...

👋 Usa trajes con la parte de arriba y la de abajo de un mismo color, pues te alargarán el cuerpo. También conviene que los zapatos y las medias vayan a conjunto.

👋 Lleva ropa de corte ajustado en vez de ropa voluminosa, que no desdibuje tu delicada figura.

👋 Si tienes bastante trasero, recuerda que los colores oscuros adelgazan. Por lo tanto, escoge pantalones, faldas y vestidos de tonos clásicos como el negro, el marrón, azul marino, gris oscuro y burdeos.

👋 Provéete de tops de cuello barca o de cuello alto, que hacen que la vista se dirija hacia arriba. También dará buen resultado añadir el detalle de una gargantilla de perlas o un pañuelo.

👋 Evita las rayas horizontales, que te harán parecer más ancha de lo que eres.

👋 Prueba las camisas de estilo masculino para disimular las caderas.

Vestido

Un traje de baño favorecedor

Siéntete orgullosa de tu cuerpo de embarazada y ponte un traje de baño que te favorezca y en el que te sientas cómoda, sea cual sea tu figura; nadar constituye un excelente ejercicio y el traje de baño es una pieza en la que merece la pena gastar un dinero.

- Piernas cortas: ponte un traje con un corte de pierna alto. Las piernas parecerán más largas al crearse una ilusión de longitud.

- Caderas anchas: para restar importancia a las caderas, ponte un traje con aberturas bajas en las piernas, para que te cubran mejor las caderas. Elige un color oscuro para la mitad inferior del traje de baño. O bien busca un rayado o estampado en la parte del pecho para atraer la vista hacia arriba. Si no, prueba con una falda corta que haga destacar menos la zona de la cadera.

- Pecho abundante: si el embarazo ha hecho aumentar tanto tu talla de pecho que te sientes acomplejada, puedes realzarlo con un traje de cuello alto y un sostén que sujete bien, con aros o relleno. La parte superior de color oscuro y la inferior más clara contribuirán a destacar menos el pecho.

Vestido

👋 **Pecho pequeño:** si quieres lucir escote, ponte un traje con un cuello de pico y con aros bajo el pecho, o bien una parte superior con la espalda descubierta que levante el busto. Para mejorar la línea del busto en general, puedes ponerte un traje con volantes, texturas o franjas en el pecho. Evita los conjuntos de cuello alto porque tienden a aplastarlo.

👋 **Estampados atrevidos:** por lo general, evítalos si estás embarazada. En cambio, puedes probar estampados pequeños, ribetes de colores y rayas horizontales en el busto o debajo de éste.

Vestido

Mezcla y combina

Compra prendas de vestir que combinen bien unas con otras. Busca ropa que no se venda exclusivamente en la sección de premamá, como túnicas, jerséis de talla grande, sudaderas y blusas, vestidos de línea suelta y pantalones de punto. Tal vez podrás volver a llevar algunas de estas prendas después de que nazca el niño. Escoge tejidos que sirvan para varias estaciones: algodón, gabardina de lana, tejano, caqui, rayón o mezclas de poliéster de fácil cuidado.

Vestido

¿Qué debes comprar?

El tipo de ropa premamá que compres dependerá de la época del año y de tu presupuesto, así como de tu estilo de vida. Pero puedes crear un «vestuario condensado» de manera fácil y económica comprando un lote de camisetas de talla grande en diferentes colores, un par de faldas o pantalones de colores sólidos con elástico en la cintura y unas mallas cómodas. Estos tres componentes se pueden combinar de modo que te sirvan para el trabajo, para salir y para estar en casa. Emparéjalos con tus accesorios favoritos y podrás lucir esta imagen en casi todas las situaciones.

Vestido

Tratar bien los pies

Esto significa preferir los zapatos que sean holgados y cómodos y que sujeten bien el pie. Durante el embarazo los pies pueden experimentar un crecimiento constante y aumentar de medio número a un número. Es recomendable usar una plantilla para sostener el peso adicional que los pies deberán aguantar; llevar zapatillas de deporte con una puntera ancha; y medias de sujeción para minimizar la hinchazón de los pies y los tobillos.

Vestido

No olvides...

Cuando planifiques tu vestuario de premamá, ten presente que las tallas de este tipo de ropa son un acertijo. No sólo depende de tu talla previa al embarazo, sino también del número de hijos que vayas a tener, de la manera como los lleves y del peso que ganes. Y estas dos últimas variables no las conocerás hasta más adelante, cuando ya habrás tenido que comprarte la ropa premamá. Por lo tanto, si tienes una talla mediana normal y ves una ganga (o te la ofrecen prestada) de una talla premamá pequeña, no la dejas escapar. Puedes sacarle mucho provecho, aunque hacia el final del embarazo ya no te sirva.

Tiendas de premamá

Si necesitas trajes para ir a la oficina, busca unos almacenes donde vendan ropa de premamá. Ahí es donde me gasté todo el presupuesto de maternidad, casi todo en ropa de trabajo. Actualmente existen multitud de tiendas de ropa para embarazadas, que conjugan perfectamente comodidad y moda. Todas estas tiendas suelen tener una gran variedad de buenas ofertas mezcladas con artículos a precios muy poco rebajados, así que una vez que estés allí tienes que hacer una cuidadosa cacería por las perchas para localizar los descuentos de verdad.

Vestido

Sección de ofertas

¿Conoces aquellos vestidos de línea suelta que desde el mundo de la moda intentan encajarnos cada cierto número de años? Aquellos que miras y dices: «¡Vaya! Todo el mundo pensará que estoy embarazada si me pongo esto». No eres la única. Estos modelos suelen terminar en las secciones de ofertas o en las tiendas de restos de fábrica al final de la temporada. Sin embargo, cuando estás embarazada, ponerte vestidos que parecen de premamá es una buena idea. De esta manera me compré dos vestidos para el trabajo.

Vestido

Ponte el cinturón

Tú eres responsable de la seguridad de tu hijo así como de la tuya propia, por lo que debes adoptar el hábito de abrocharte el cinturón cada vez que viajes en coche. Se recomienda la combinación de cinturón de seguridad que sujeta hombros y regazo. Coloca el cinturón en una posición baja de lado a lado de la cadera, por debajo del cada vez más abultado abdomen, y la parte del hombro atravesándote el pecho y el abdomen. En caso de accidente, el cinturón de seguridad evitará que tú y tu futuro hijo choquéis contra el tablero de mandos o seáis despedidos del coche. Si tienes un accidente, ponte en contacto con tu médico para que te aconseje, aunque aparentemente no hayas resultado herida.

Practica la superposición

El ritmo del metabolismo aumenta en casi un 20 % durante el embarazo, lo que significa que cuando los demás están tiritando de frío, tú es posible que te estés quejando del calor. Si llevas prendas superpuestas, puedes írtelas quitando a medida que lo necesites. En los días fríos, ponte una camiseta o un polo debajo del jersey, o bien un cuello de cisne debajo de un chaleco.

Vestido

Sujetar sin oprimir

No te pongas ropa que te apriete, como fajas y cinturones ajustados, ni calcetines o medias con bandas elásticas. Usa medias o pantys de compresión para premamá, que puedes comprar en la mayoría de las tiendas de premamá. No deseas llevar nada que te apriete alrededor de la cintura, pero necesitas mantener la circulación de la sangre, que es la función de las medias de sujeción. Cálzatelas antes de levantarte de la cama por la mañana, antes de que la sangre se te acumule en las piernas, para contribuir a minimizar el riesgo de padecer venas varicosas. Estas medias también pueden prevenir problemas de circulación cuando vas en coche o en avión.

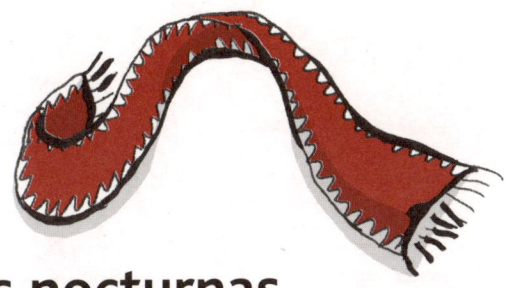

Salidas nocturnas

Una futura madre decía: «Estoy de 33 semanas, pero no me veo excesivamente gruesa. Tengo una falda larga formal, del tipo que te pones con un jersey a juego o una blusa de seda. Me la ponía, pero la cremallera no cerraba del todo, y decidí combinarla con un jersey largo negro, muy bonito. Era una buena solución, y la gente comentaba lo modernos que quedaban aquellos conjuntos premamá».

En mi caso, un vestido negro sencillo de premamá resultó ser lo que mejor me iba; si esto no te funciona, prueba un jersey con una falda larga negra. Para la noche, puedes añadirle un toque de elegancia con algo vistoso. Recuerda que los accesorios son los mejores aliados de una embarazada. Con sólo añadir una bufanda de color vivo a un vestido negro, se nota la diferencia.

Vuelta a los clásicos

Otra madre nos decía: «Durante los primeros meses de embarazo, gasté mucho dinero en una buena chaqueta negra de corte amplio, que podía llevar con tejanos o con una falda. No era una chaqueta de premamá, pero me sirvió durante todo el embarazo y a veces todavía me la pongo. Yo te aconsejaría invertir el dinero en alguna prenda básica de tu agrado, porque si tienes que llevarla mucho, la vas a disfrutar.»

También llegó a la conclusión de que unos pantalones elásticos normales de algodón de talla grande resultaba más barato que gastar el dinero en unos pantalones especiales de premamá.

Vestido

Despilfarra (un poco)

Aunque el presupuesto no te permita comprarte un vestuario completo, invierte en un conjunto que te haga sentir especial. Un vestido sexy, unos pantalones de terciopelo negro y un top a la moda, o un conjunto despampanante, pueden hacerte parecer que estás en el séptimo cielo cuando por dentro estás por los suelos. Un mono pirata, un fabuloso vestido estampado o un conjunto de pantalón puede añadir un destello de moda a tu vestuario de premamá sin hacer un agujero en tu economía. Póntelo siempre que puedas, y da realce a lo positivo:

- ¿Unas piernas magníficas? Exhíbelas con un vestido corto.
- ¿Unos hombros espléndidos? Enséñalos con una camisa sin mangas.
- ¿Estás orgullosa de tu generoso escote? Prueba un top corto y atrevido. No tienes que ocultarte porque estés embarazada.

Vestido

Ir de compras sin salir de casa

Puedes comprar a través de Internet en una gran variedad de tiendas de moda premamá *on line*. Podrás comprar lo que te gusta y al mejor precio sin sufrir dolor de espalda, pies doloridos y otros achaques del embarazo.

Viste clásica

Hay determinadas prendas de ropa que pueden ayudarte a sentirte «normal» durante el embarazo. Por ejemplo, unos tejanos de premamá combinados con una sudadera de talla grande que también podrás llevar más adelante, para no llamar la atención entre la gente (suponiendo que quieras pasar desapercibida, claro está). Asimismo, si éste es tu primer embarazo, compra la mejor ropa que te puedas permitir, pero no adquieras conjuntos a la última moda, porque al cabo de dos o tres años, cuando tal vez vuelvas a quedar en estado, te parecerá increíble que alguna vez te pusieras aquello (o que pudiera sentarte bien). Comprueba que la ropa que escojas sea de estilo clásico y en colores que combinen fácilmente entre sí, como el azul marino, el crema, el tostado y, para el invierno, el negro, que estiliza la figura.

El poder del maquillaje

La famosa maquilladora Bobbi Brown declara: «El maquillaje puede hacer maravillas en ti durante el embarazo. Puedes usarlo como instrumento para sentirte guapa y segura». Esto es particularmente importante en estos tiempos que corren, en que tantas mujeres sienten que han perdido el control de su cuerpo. «El maquillaje se puede quitar, no es permanente», afirma Brown, «y es una estupenda solución para hacerte sentir bien». Así, pues, maquíllate y diviértete experimentando con diferentes estilos y colores.

Evita los peinados complicados

Durante el embarazo, el pelo inicia una fase de crecimiento, lo cual es una buena noticia para algunas mujeres que notan que tienen el pelo más fino y ralo. Pero si normalmente tienes el pelo tupido, un pelo corto te será más fácil de llevar.

No tienes por qué someterte a un cambio radical; las mujeres se sienten abrumadas con el resultado cuando lo hacen. Lo mejor es ponerte en manos de tu peluquera, para que busque el peinado que más te favorezca. En cuanto a accesorios para el pelo, puedes usar clips, pasadores y peinetas para mejorar tu peinado, recogerlo e ir más cómoda, pero sin pasarte. Recuerda: «Lo breve, si bueno...»

Vestido

Refina tu sentido de la moda

El hecho de que estés embarazada no significa precisamente que tengas que limitarte a ponerte vestidos de color pastel llenos de lacitos y encaje. Atrás quedaron los días en que una mujer embarazada sólo podía vestirse como una tarta de cumpleaños. El negro, que es el color que prefieren las fanáticas de la moda que no están embarazadas, también hace maravillas en las futuras madres. Los tejanos de premamá son cómodos e imprescindibles para sentirse moderna. Hay muchos tipos de tejanos elásticos para la futura madre: algunos tienen el delantero elástico, otros de *spandex*, y la mayoría también cuentan con características especiales para sujetar la espalda. A mí me encantan los delanteros de *spandex*, pero cada futura madre tiene sus preferencias.

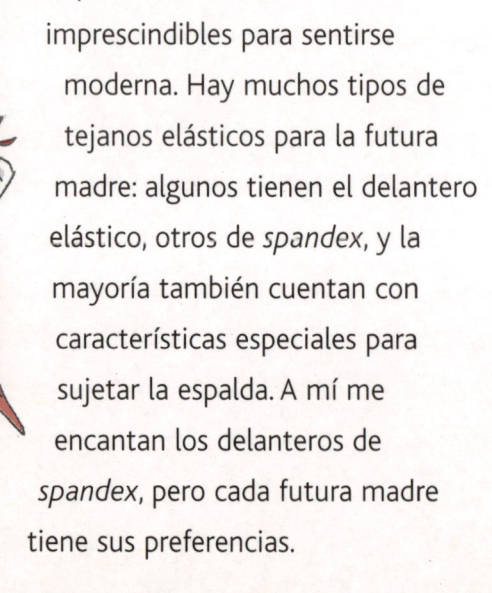

Vestido

No te dejes la piel

Las mismas hormonas del embarazo que te alborotan las emociones pueden hacer estragos en tu piel. El cutis puede adoptar un aspecto estupendo, con aquel tan promocionado «resplandor del embarazo», o bien se puede volver más seco de lo normal y con manchas. Una buena crema hidratante puede hacer milagros en un vientre que no para de crecer, o en cualquier otro punto en que tu piel se reseque. Y quién sabe... también puede disminuir las estrías. Aunque los expertos dicen que las hidratantes no hacen nada, las mujeres que ha tenido estrías afirman que no podrían pasar sin las cremas.

Regálate unos tratamientos

No hay nada como una manicura o una pedicura (o ambas) para levantar el ánimo y dar un empujoncito a la autoestima. ¿Qué puede ser mejor que dejar que un profesional te mime las manos y los pies mientras te relajas y esperas los resultados? También puedes permitirte un buen masaje, que nunca está de más; es una gozada que alguien te haga sentir reina por un día.

Presume de barriga

Si estás orgullosa de tu barriga de embarazada ¿Por qué no lucirla? Algunas mujeres se ponen ropa ajustada o tops cortos (en verano) que marcan o dejan su barriga al descubierto, y están divinas. No hay nada más sexy que una mujer embarazada que muestra entusiástica y atrevidamente la barriga. Si tienes la suficiente seguridad en ti misma, presume de barriga.

Vestido

Para escoger bien los zapatos

Para las futuras madres que viajan, no hay nada más importante que escoger un calzado que sea cómodo y sujete bien el pie. Los mejores zapatos o sandalias poseen una plantilla moldeada para prevenir el dolor de pies, y una suela gruesa y antideslizante que asegura una buena tracción y buen apoyo al caminar. Las zapatillas de deporte especiales para el aeróbic de alto impacto reúnen estas condiciones, pero no las chinelas y los zapatos de tacón alto con tiras. Los accesorios elásticos, los cordones y las tiras ajustables son imprescindibles para cuando los pies se hinchen. A continuación, unas cuantas preguntas que puedes hacerte cuando estés comprando:

¿Tiene la puntera cuadrada? Las punteras cuadradas no sólo están de moda, sino que el espacio extra que ofrecen evita los dolorosos callos y juanetes.

¿Tiene el tacón ancho y bajo? Un sencillo mocasín de tacón bajo y compacto ofrece un apoyo mucho mejor para un cuerpo que va aumentando de peso que unas manoletinas planas.

Vestido

👋 ¿Sujeta bien el tobillo? Los zapatos planos suelen ser mejores que los de tacón, pero algunas bailarinas y mocasines no ofrecen la adecuada sujeción del tobillo. Camina por la tienda arriba y abajo, y si el pie se escapa por detrás, señal de que la sujeción no es buena.

👋 Si se trata de unos zapatos de diario, ¿tienen suela de goma? Las suelas de goma amortiguan los golpes y no castigan tanto las rodillas y la espalda. Una gran solución para las embarazadas son los zapatos que imitan las zapatillas de deporte, de estilo deportivo, suela de goma y que combinan la piel y el ante.

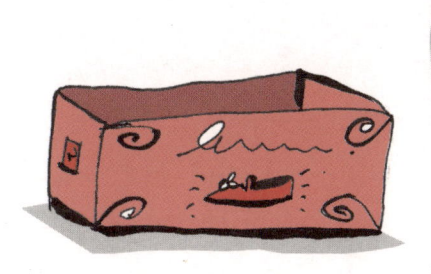

Cuestión de talla

Cuando vayas de compras, empieza seleccionando tu talla anterior al embarazo. Después de todo, no tienes los brazos y las piernas más largos y tu constitución física básica sigue siendo la misma. Las mejores marcas de ropa premamá dan mayor amplitud sólo en las zonas donde se necesita: vientre, pecho, caderas y sisas, pero mantienen las proporciones de antes del embarazo en cada talla. La dependienta que me atendió en mis compras de ropa de premamá comentaba: «El bajo del delantero de los tops y chaquetas puede ser ligeramente más largo al principio del embarazo para permitir que poco a poco se vaya alineando a medida que el vientre crezca. Hay que prever un poco más de vuelo en los vestidos y las chaquetas pensando en la expansión: los broches en las chaquetas y los lazos incorporados se usan para sujetar lo que sobra a la espalda hasta que se necesita; y no hay duda de que se va a necesitar».

Vestido

Escoge tejidos de cuidado fácil

Eres una hormona ambulante. No hace falta que te busques más problemas. Por lo tanto, no uses más que ropa suave y transpirable que puedas lavar y ponerte sin más. ¿Quieres planchar? No. Pues léete religiosamente la etiqueta de las prendas antes de comprar. Probablemente vas a tener que rotar el vestuario de premamá más deprisa que tu ropa normal, así que los tejidos duraderos que soporten el lavado frecuente te representarán una gran ventaja.

Vestido

No lo dejes para más adelante

¿Por qué vas a frustrarte intentando alargar las cinturillas con cintas elásticas y dejando los botones abiertos? Excepto en contados casos muy particulares, comprar unos tejanos de premamá es inevitable, por lo que no debes dejarlo para más adelante. Cuanto más provecho le saques a la ropa de premamá, tanto más te resultará la inversión que hagas. Así pues, en cuanto no puedas cerrar la cremallera de tus tejanos normales, regálate la comodidad de unos tejanos de premamá. Cuando te los pongas con tu blusón blanco de cada día, nadie va a notar la diferencia, pero tú te sentirás mucho mejor.

Vestido

Desde bragas hasta tangas

En el comercio puedes encontrar todo tipo de ropa interior de premamá, desde bikinis que quedan debajo del vientre hasta bragas que llegan al pecho. Pero ¿sabes que también existen tangas para embarazadas? Algunas mujeres aseguran que se sienten muy cómodas con ellos, mientras que otras los llevan porque las hace sentir tan sexys como antes. Pero tal vez no los querrás llevar todos los días. Algunos médicos afirman que hay más mujeres que usan tanga que se quejan de infecciones vaginales, porque esta prenda favorece que las bacterias pasen del recto a la vagina. Las que sufráis de hemorroides debéis ir con cuidado, pues el tanga puede irritar los delicados tejidos del ano. ¿Que no te preocupa? Pues no te reprimas y disfruta de la sensación de ir como si no llevaras braguitas.

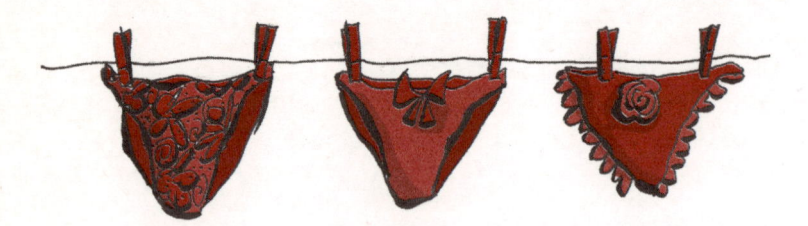

Más sobre la ropa interior

Seguro que quieres dar una buena imagen, pero también quieres sentirte bien, ¿verdad? Claro que sí. Para nuestras lectoras embarazadas, la comodidad tiene la máxima importancia. Pensando en ello, ahí va mi consejo: decídete por las braguitas bikini y los pantalones de talle bajo. Me acuerdo de cuando iba a trabajar llevando la ropa interior de embarazada, las bragas y la falda, en total tres cinturillas. Esto no es para mí, me dije. En mi segundo embarazo aprendí que no sólo me iban bien las medias panty normales, sino que muchas veces eran más cómodas, y desterré las agobiantes cinturillas de mi barriga. Finalmente, confiemos en que los pantalones de talle bajo no pasen de moda.

Levántate el ánimo

Si todo lo demás falla, dite a ti misma que, aunque no puedas ponerte unos pantalones estrechos de la talla 38, todavía estás estupenda. La belleza es un estado de gracia, no una apariencia determinada, una talla o un peso. Estás resplandeciente, embarazada y guapa. Y si esto no funciona, siempre puedes cubrir todos los espejos de la casa, evadirte con un buen libro y... mañana será otro día.

Más grande no siempre es mejor

Cuando ves los precios de la ropa de premamá para ir a la oficina puedes sentir la tentación de ir a comprarte una talla más grande de ropa normal de la que habitualmente usas. Esta estrategia suele funcionar con la ropa de sport, que ya está pensada para ir holgada. Sin embargo, esta táctica aplicada a los trajes de oficina te dará como resultado unos hombros demasiado anchos, unas mangas demasiado largas y un aspecto general que sólo puede describirse como desaliñado, cuando menos.

Vestido

Conserva tu propio estilo

Aquella cualidad difícil de alcanzar llamada «estilo» es algo en lo que la mayoría de nosotras no solemos pensar demasiado, pues nos vestimos apresuradamente sin preocuparnos mucho por las prendas que escogemos. Sin embargo, es importante que conserves a toda costa tu propio estilo, aunque estés embarazada. Tu forma de vestir antes del embarazo debe continuar siendo tu estilo durante estos meses. Todavía eres la misma persona. ¿Acaso debes cambiar por completo sólo porque el test de embarazo haya dado positivo? Por lo tanto, sigue llevando aquello que sabes que te sienta bien.

Vestido

Atención al tejido y los detalles

Las mujeres que están al tanto de la moda no paran de preguntar: «¿Cómo puedo seguir la moda cuando mi cuerpo parece que tenga otros planes para mí?». Si crees que el embarazo es una condena a nueve meses de mallas y blusones, anímate y toma nota de los siguientes consejos:

No pierdas de vista el detalle: ya que no puedes controlar la talla que gastas, al menos selecciona ropas con detalles vistosos: volantes en los dobladillos, escotes en pico, puños, cuellos, flecos...

Céntrate en los tejidos y las texturas: abandona el simple algodón y apúntate a tejidos de aspecto (y tacto) maravilloso, como el tejano elástico, los estampados sobre malla, cómodos géneros de punto, antelina, sarga lavable y muchos más.

Prendas de arriba o de abajo

Empieza sin prisas y ve avanzando con paso seguro, seleccionando ropa que sea muy combinable. Al comprar las primeras prendas, procura que sea ropa básica que pueda ir con todo. Mallas negras, tejanos azules, pantalones de sarga y una falda corta de punto de algodón son unos cuantos ejemplos de prendas básicas que permiten combinaciones creativas con cualquier color o estampado en la parte superior. Si lo prefieres, puedes empezar por las prendas de arriba: un blusón clásico blanco o azul, una camisa tejana o una blusa tipo túnica de un color sólido de algodón o *spandex*.

Vestido

Regreso al futuro

Planifica algunas compras para después del embarazo. Las madres recientes no deben tener prisa por enfundarse de nuevo sus antiguos tejanos tras el parto. Por lo tanto, conviene que preveas un par de prendas de transición que deberían durarte hasta que recuperes la figura que tenías antes del embarazo. Planea con tiempo lo que necesitarás; el tipo que tenías a los 3-4 meses de embarazo es aproximadamente el que tendrás cuando regreses al trabajo. Selecciona para el principio del embarazo ropa que te pueda ir bien en la época que calculas que estarás de vuelta.

Paso a paso

Cuando adquieras ropa de trabajo, adopta una actitud de «esperar y observar». Si necesitas un conjunto de dos piezas, empieza por un diseño de calidad que te haga sentir exactamente igual de profesional que antes. Si necesitas ir de negro o azul oscuro, busca un material con algo de textura, por ejemplo un canalé, para añadirle algo de interés.

Intenta adaptar tu guardarropa básico para que te sirva para ir al trabajo; las mallas pueden conjuntar bien con una elegante chaqueta tipo blazer, y la eterna chaqueta de punto puede que vaya bien con los pantalones de premamá.

Vestido

Infórmate de las facilidades de devolución

Cuando adquieras ropa de premamá, asegúrate de que la tienda ofrece la posibilidad de devolverla. Puesto que tienes un tiempo limitado para llevarla, debes asegurarte de que te va bien y de que puedes devolverla en caso contrario. La mayoría de las tiendas aceptarán la devolución y te reembolsarán el importe o te permitirán cambiarla, pero si compras en rebajas, puedes encontrarte con que no aceptan devoluciones. Cuando compres a través de Internet o por catálogo, entérate de lo que vale devolver la prenda; muchos aceptan la devolución pero no te pagan los gastos de envío.

Vestido

Pon color en tu vida

No vayas siempre de negro. No tienes por qué ir vestida de colores fúnebres cuando estás embarazada, aunque el negro estilice la figura. También puedes exhibir tu predilección por el color. Pero tampoco es cuestión de pasarse, pero si cuando no estabas embarazada te gustaban las blusas con estampado de cachemira rojo, no te reprimas y póntelas. Hay muchas maneras de introducir el color en tu vestuario sin que parezcas una parada de feria. Hoy día, las embarazadas tienen muchas más opciones que antes, así que lánzate a explorar.

Vestido

Consejos para salir de noche

He aquí unas cuantas ideas para ayudarte a planificar una salida nocturna:

🖐 Experimenta con las prendas sueltas. Busca en tu armario, o en el de tu mejor amiga, algunas piezas que puedas combinar para formar un conjunto apropiado. Las parejas favoritas son una falda negra con un conjunto de jerséis de cachemira, o unos pantalones negros estrechos con una blusa o túnica de noche de tafetán. Si vas a ir toda de negro, añade un toque de color y lujo con un chal de pashmina, cachemira o seda.

🖐 Resalta tus mejores atractivos: usa estilos que acentúen los brazos y las piernas, porque así equilibrarás tu hermosa barriga en crecimiento. Escoge tops o vestidos sin mangas, que alargan la silueta. Cuando estés indecisa entre una falda corta o larga, elige la corta y ponte unas medias a juego con los zapatos, para que las piernas se alarguen visualmente.

🖐 Si tienes un compromiso y debes ir muy elegante, pero no quieres aprovechar lo que tienes, acude a una tienda de alquiler de trajes. Es lo mismo que hace un hombre cuando tiene que

Vestido

alquilar un esmoquin para una noche, así que ¿por qué no intentarlo? No tienes nada que perder.

👋 Arréglate el pelo y el maquillaje lo mejor que puedas. Resalta tus ojos con una sombra brillante y dos capas de máscara, y da un toque de brillo a los labios. Emplea unos cuantos minutos de más en secarte el pelo con un cepillo redondo y luego, con la punta de los dedos, reparte por encima unas cuantas gotas de suero con silicona, para darle más brillo.

Vestido

Exhibe tu figura con orgullo

Ponte ropa ajustada; cualquier cosa que se ajuste al cuerpo parece más aseada, elegante y favorecedora. Cómprate una falda estrecha de tejido elástico de alta calidad: algodón y lycra si es de sport, o lana o gabardina elástica si quieres ir más arreglada. El corte de falda hasta la rodilla es mejor porque da un aspecto más profesional pero enseña parte de la pierna. Escoge pantalones de línea estrecha con el bajo un poco acampanado, que realzan la figura.

Confía en el blazer

Sigue llevando chaqueta entallada mientras puedas; si quieres darle un poco de amplitud en el bajo, no tienes más que desabrocharte un par de botones, hasta que llegue el día en que no puedas abrochártela y tengas que llevarla abierta. Llegada a este punto, te recomiendo que compres un blazer de premamá. Busca uno sin cierres, que te cubra el vientre y te suavice la figura. Mejóralo mediante el color y los detalles. Ponte camisas con un cuello que ponga de relieve las clavículas (por ejemplo, un cuello barca o en pico) y haga parecer el cuello más largo.

Vestido

Provéete de medias

Durante el embarazo, las piernas pueden ser tu mayor baza, así que no tengas miedo a enseñarlas. Escoge medias que hagan juego con la falda o el vestido para que al verte de un mismo tono parezcas más estilizada. Por ejemplo, si el vestido es negro, ponte unas simples medias negras. Si sufres de varices, probablemente preferirás las medias opacas; si no, muestra un poco de piel. Las medias de talla grande probablemente podrás llevarlas durante todo el embarazo, pero cuando te queden demasiado ajustadas, cómprate unas de premamá.

Vestido

Con los pies en alto

La mayoría de las sillas de oficina no están bien diseñadas para las mujeres y presionan una vena que tenemos en la parte posterior del muslo. Durante el embarazo esta presión provoca que se hinchen las piernas y los pies. Mientras trabajas, apoya los pies en un escabel de unos 15 a 20 cm de altura, y no te olvides de levantarte y caminar después de permanecer sentada una hora, aproximadamente.

Por otro lado, si en el trabajo tienes que estar de pie, procura moverte de un lado a otro, o consigue un escabel donde puedas apoyar un pie.

Vestido

Piel sensible

Una piel que nunca ha tenido problemas al estar en contacto con la lana y la angora, puede desarrollar una sensibilidad a los tejidos ásperos durante el embarazo, en especial aquellas zonas de piel que se estiran más de lo que nunca habrías imaginado. El calor corporal extra también agrava este problema. Los polvos y las lociones pueden calmar el picor, pero tendrás que renunciar a usar prendas de lana durante el invierno.

Accesorios con picardía

Busca accesorios que te hagan sentir pícara, y no caigas en la tentación de pensar que la picardía es un lujo que sólo pueden permitirse las solteras y las mujeres sin hijos. Una madre nos dice al respecto: «Sentirnos pícaras nos recuerda, antes que nada, cómo llegamos a este estado. Mi accesorio 'atrevido' son los anillos para el pie; los venden incluso con diamantes, son muy cómodos y sexys y están al alcance de cualquier bolsillo».

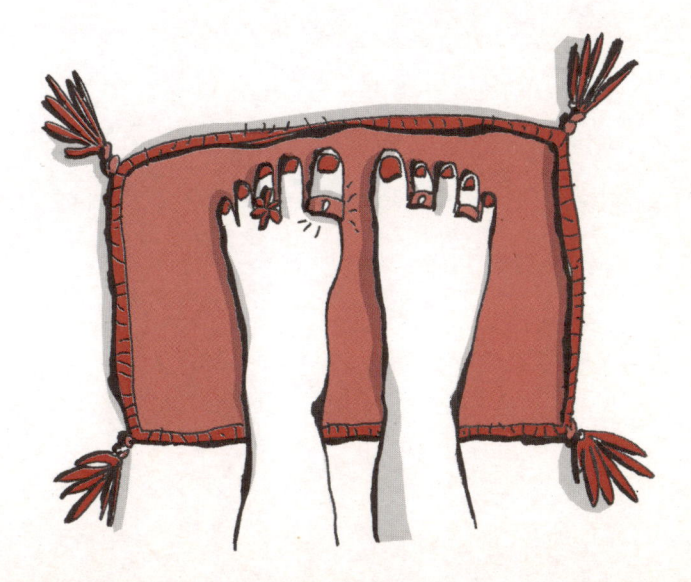

A mí me ha funcionado...

Temas de salud

Pruebas, pruebas y más pruebas... Durante los días del embarazo, cuando alguien te alcanza un vasito, lo más probable es que tengas que hacer pis en él y no servirte una bebida. No te preocupes. Aunque habrás de soportar muchas pruebas y otras cuestiones médicas durante el embarazo, la mayoría tienen sus buenas razones.

Sobre todo si es tu primer embarazo, puede que no sólo te preocupes por cualquier detalle insignificante, sino que además tengas tendencia a hacerte todas las pruebas, leer todos los manuales médicos y a consultar a tu médico constantemente. En este capítulo te damos consejos en su mayor parte orientados a informarte de lo que puedes esperar en relación con los temas de salud. Todas las madres con las que he hablado me han dicho que lo que

Temas de salud

de verdad las sobresaltaba era cualquier cosa que no se esperaban (una prueba, un término médico que no se les explicaba adecuadamente, etc.) y me pusieron algunos ejemplos. Aquí los he recogido añadiendo toda la información que he podido, con la esperanza de que algunos puedan calmar tus inquietudes desde el principio.

Temas de salud

Asistencia sanitaria

Escoger el médico de atención primaria es la decisión más importante que deberás tomar durante el embarazo en cuanto a temas de salud. Pero también es la más difícil sobre la que aconsejar, porque cada mujer se siente más o menos a gusto con un grado mayor o menor de intervención médica. Debes asegurarte de que tu futuro médico de atención primaria está de acuerdo, al menos en la mayoría de las cuestiones, con tu filosofía sobre el parto. Éstas son las opciones disponibles:

✋ Perinatólogo: médico especializado en embarazos de alto riesgo que trabaja en un entorno hospitalario, normalmente en combinación con un servicio de neonatología de referencia.

✋ Tocólogo: médico especializado en el embarazo, parto y ginecología, que normalmente trabaja en un entorno hospitalario, aunque muchos abren centros de obstetricia propios y algunos atienden partos en el domicilio.

✋ Médico de familia: médico que se especializa en la atención a la familia, incluido el embarazo y el parto; suele trabajar en combinación con un tocólogo en los casos que requieran cirugía

Temas de salud

en un hospital o centro de obstetricia, así como en centros de asistencia al parto en el domicilio.

🖐 Enfermera comadrona: enfermera con formación en embarazos de bajo riesgo (casi el 90 % de los partos entran dentro de esta categoría); trabaja en combinación con un médico en el domicilio, un hospital o un centro de obstetricia.

🖐 Comadrona: puede tener formación específica únicamente en partería y se dedica a atender sólo los embarazos de bajo riesgo. Puede o no trabajar con un médico y normalmente ofrece sus servicios en el domicilio o en un centro de obstetricia.

Pruebas de AFP

Las pruebas de AFP (Alfafetoproteína) se hacen para detectar la presencia de defectos en el tubo neural, como pueden ser espina bífida, anencefalia, etc., y más recientemente se utilizan para la detección de posibles riesgos de padecer el síndrome de Down. La prueba consiste en realizar una extracción de sangre de la madre en un laboratorio, un hospital o la consulta del médico, y resulta más fiable cuando se hace a las 15-17 semanas de gestación. Los resultados se suelen dar en ratios; por ejemplo, un riesgo de defecto del tubo neural de 1 entre 500. La prueba en sí misma no conlleva riesgo alguno, aunque debido a la posibilidad de que dé positiva por error (es decir, cuando se cree que el niño tiene un problema pero está sano), la prueba de AFP suele conducir a otras pruebas, más invasivas, que sí comportan un riesgo para el embarazo y para el niño. Una alternativa es el examen por ultrasonidos o ecografía, que también puede determinar el estado de la madre, aunque con menor precisión. Yo me hice una prueba de AFP con mi primer hijo y dio un

Temas de salud

resultado alto por error, y tuve un susto terrible. El niño salió bien, y yo preferí no someterme a la amniocentesis, pues sólo tenía 20 años, y hacerme una ecografía. Conviene que consultes a tu médico sobre la necesidad de someterte a estas pruebas.

Amniocentesis

Esta prueba se utiliza para determinar si el niño sufre una alteración cromosómica o inmadurez pulmonar fetal. Se realiza una punción en el abdomen con una pequeña aguja que llega hasta el útero para recoger una muestra de líquido amniótico; se usa la ecografía para guiar la aguja y evitar que toque al niño o la placenta. Esta prueba se puede hacer a partir de las 11 semanas y hasta el final del embarazo, aunque lo más normal es a partir de las 15-18 semanas. La prueba se lleva a cabo para determinar la inmadurez pulmonar fetal y poder tomar la decisión de provocar el parto o dejar que prosiga el embarazo (normalmente, después de las 34 semanas). Si se detectan anomalías cromosómicas, se envía a la futura madre a un consejero para que le ayude a tomar una decisión. Si la embarazada es menor de 35 años, la mayoría de los médicos de atención primaria aconsejan que se reflexione bien antes de someterse a la amniocentesis, pues conlleva un pequeño riesgo de aborto, cuya incidencia se cifra entre el 1 de cada 200 y 1 de cada 400 casos, según el *Center for Disease Control and Prevention* (Centro para el Control y Prevención de Enfermedades).

Biopsia de vellosidades coriónicas

La BVC sirve para determinar si el niño padece una alteración cromosómica. La prueba se realiza mediante una punción con una pequeña aguja o catéter a través del abdomen o de la vagina para recoger una pequeña muestra de las vellosidades (proyecciones membranosas que darán lugar a la placenta). También se usa la ecografía para guiar el instrumento, con la finalidad de que no dañe al niño ni la placenta. La BVC se puede hacer ya a las 8 semanas de embarazo. Existe un índice de un 3 a un 5 % de abortos asociado a esta prueba, y algunos estudios apuntan a que podría haber un ligero aumento en el número de deformidades por lesiones causadas en las fibras amnióticas que se distribuyen alrededor de algunas de las partes vitales del feto. Si se detectan alteraciones genéticas, se dirige la futura madre a un consejero para que le ayude a tomar una decisión.

Prueba de la tolerancia oral a la glucosa

Esta prueba determinará si la madre sufre diabetes gestacional o intolerancia a la glucosa causada por el embarazo. Se puede hacer en ayunas o sin ayunar, mediante la extracción de sangre de un dedo o de la vena. Puede que haya que beber un líquido especial azucarado, comer caramelos de goma, tomar un desayuno concreto o unos caramelos, etc. A continuación se comprueba el nivel de glucosa en la sangre. Esta prueba, también llamada PTOG y que no conlleva riesgos, se suele ofrecer a las madres hacia la 28ª semana de gestación, aunque si se tienen antecedentes familiares de diabetes o padecieron diabetes gestacional en un embarazo previo, puede que tengan que hacerse la prueba antes. Cualquier resultado superior a 140 normalmente indica que habrá que pasar otras pruebas. Si no se supera la prueba de una hora, se realiza una prueba de glucosa de tres horas; si ésta tampoco se supera, probablemente se enviará a la madre a un nutricionista para que le informe de cómo puede controlar el nivel de glucosa a

Temas de salud

través de la dieta. Asimismo se le dará un programa para que pueda controlar los niveles de azúcar en la sangre y así valorar sus progresos. Yo no superé la prueba, pero tampoco «aprobé»: estaba justo en el límite y no me declararon diabética, pero tuve que suprimir totalmente los dulces (mi punto flaco) y otros azúcares de mi régimen alimenticio durante los tres últimos meses del cuarto embarazo. Cuando tuve al niño, mi encantador esposo me dio una gran alegría regalándome un helado en vez de flores.

Prueba para descartar el estrés

Esta prueba, que prácticamente carece de riesgos, se usa habitualmente cuando la madre supera la fecha prevista para el parto, para asegurarse de que el feto se encuentra bien, y también como precaución si se han tenido problemas en un embarazo previo o si hay factores de riesgo elevado. Se suele hacer en la misma consulta del médico, con un equipo de monitorización fetal conectado al vientre de la madre para registrar el ritmo cardiaco del niño a la vez que cualquier actividad uterina. Se pide a la madre que pulse un botón cuando el niño se mueva, de forma que se puede verificar el ritmo cardiaco en relación con dicho movimiento. Esta prueba se hace normalmente entre la 38ª y la 42ª semana, o bien al principio del tercer trimestre. Los resultados posibles suelen ser «reactivo» y «no-reactivo». A veces los pequeños no cooperan y permanecen quietos durante las pruebas, con lo que a la madre se le ofrece una bebida dulce o carbonatada para animar al niño; si esto no funciona, puede usarse un sonido fuerte para

Temas de salud

sobresaltarlo y hacer que se mueva. Recuerda que los niños pueden dormir dentro del útero, y de hecho lo hacen. Si el niño no responde como el médico quisiera, puede que envíen a la madre a hacerse un perfil biofísico, una prueba de estrés o incluso provocar el parto. Yo me hice esta prueba en mi primer embarazo cuando mi hijo llevaba un retraso de dos semanas. No fue complicada ni invasiva, y yo me quedé tranquila. No quería que me provocaran el parto, así que prolongué la ración de paseo diario, y en un par de días ya estaba dando a luz.

Prueba del estrés

Esta prueba sirve para determinar de qué manera responde el niño al estrés de las contracciones durante el parto. Se suele dar una inyección de pitocina y se monitoriza a la madre a través de un monitor electrónico fetal para ver cómo reacciona el niño ante las contracciones. Esta prueba se suele hacer al final del embarazo, antes de provocar el parto. Los riesgos que conlleva es que puede inducir el parto o causar sufrimiento al feto. Si el niño supera la prueba, puede que la madre tenga que someterse a otras pruebas o simplemente esperar a que se presente el parto espontáneamente. Si el niño parece que no soporta bien las contracciones, puede que haya que provocar el parto o practicar una cesárea.

Examen vaginal por ultrasonidos o ecografía

Ésta es una prueba menos utilizada en la que se introduce una sonda en la vagina. Yo no la tuve que pasar durante el embarazo, sino mucho más adelante, cuando mi hijo menor ya tenía tres años de edad, porque tenía dolores y sangrados ocasionales. La prueba da al doctor o a la comadrona una perspectiva que no pueden obtener con la ecografía normal, y generalmente se aplica sólo si se han tenido problemas en el pasado. La ecografía vaginal se puede realizar en cualquier estadio del embarazo, aunque al principio es difícil detectar nada. Aunque no hay pruebas de que sea completamente inocua, los expertos sugieren que cuando los beneficios superan los riesgos potenciales (que normalmente se dejan sin definir), la prueba es apropiada. Lo mejor que tiene es que para someterse a ella no hay que tener la vejiga llena, a diferencia de la ecografía normal, (ver páginas 232-233).

Ecografía

Esta técnica de examen por ultrasonidos puede dar al médico una gran cantidad de información muy valiosa. Sin embargo, es importante saber que la rutina de usar la ecografía se está cuestionando, incluso por diversos especialistas en obstetricia y ginecología, en embarazos sanos y de bajo riesgo. Yo tuve cuatro embarazos de bajo riesgo y sopesé los pros y los contras de esta prueba. Al final me decidí a someterme a ella porque pensaba que sería fantástico ver al niño y porque me tranquilizaba ver su corazón palpitar, la columna formada, los deditos, etc.

Esta técnica se suele emplear principalmente para: fechar el embarazo; descartar un embarazo ectópico (tubal); comprobar la viabilidad del feto, especialmente después de sangrados u otras complicaciones; detectar posibles anomalías o defectos genéticos; y facilitar la ejecución de pruebas genéticas como la amniocentesis y la BVC. La ecografía puede hacerse a partir de las 18 semanas, con una sonda abdominal o vaginal (ver página 231), dependiendo de la fase del embarazo y de lo

Temas de salud

que pretenda averiguar el médico. En la ecografía abdominal se aplica un gel frío en el abdomen para que actúe como conductor. La sonda envía ondas sonoras de alta frecuencia que rebotan en el útero y son reenviadas como señales eléctricas, que aparecen transformadas en imagen en la pantalla. Puede que se pida a la embarazada que tenga la vejiga llena para que se vean mejor el niño y el útero; esto hace que sea una experiencia realmente desagradable, aunque lo que se ve merece la pena.

Reducir el riesgo de sufrir diabetes

Hay algunas medidas de sentido común que puedes tomar para reducir el riesgo de padecer diabetes gestacional. Las mujeres con sobrepeso deberían adelgazar antes de quedarse en estado, pero no durante el embarazo. Sigue una dieta baja en azúcares simples y alta en fibra y evita los alimentos procesados (por ejemplo, puedes comer tostadas integrales y una naranja en vez de copos de salvado y zumo de naranja). Come menos cantidad y con mayor frecuencia, y realiza un desayuno ligero. El ejercicio regular y moderado puede disminuir el nivel de azúcar. Para minimizar las oportunidades de dar un falso positivo en la PTOG (ver páginas 226-227), tienes que seguir una dieta alta en hidratos de carbono durante tres días antes de someterte a la prueba; no fumar durante estos días; y posponerla si estás enferma, si tienes una infección o has estado guardando cama, puesto que en todos estos casos puede producirse un aumento del azúcar en la sangre. Si comes caramelos de goma antes de realizar la prueba, es menos probable que te provoque náuseas

Temas de salud

que si bebes una solución de glucosa concentrada. Las técnicas de visualización y relajación pueden contribuir a reducir la ansiedad, que sube los niveles de azúcar en sangre. Si la dieta no controla los valores de azúcar, habría que intentar ajustarla o hacer más ejercicio antes de someterse a una terapia a base de insulina.

Una vez oí decir que la orina debe ser clara al menos una vez al día. Posiblemente es una afirmación imprecisa, pero lo cierto es que la orina muy concentrada que tiene un color oscuro significa que la persona debería beber más. Todas las mujeres embarazadas deberían beber cerca de dos litros de líquido al día, para ayudar a diluir y aclarar la orina. Beber zumo de arándanos acidifica la orina y sirve para prevenir infecciones del tracto urinario.

Enfermedades infecciosas

Durante el embarazo debes minimizar tu exposición a las enfermedades infecciosas. Aunque un resfriado o una gripe no perjudicarán a tu hijo, algunas enfermedades pueden ser peligrosas. El sarampión puede desembocar en una pérdida del feto o en un parto prematuro; la varicela y el herpes pueden provocar una variedad de anomalías en la piel y de otro tipo, así como un aborto, un menor peso del niño y hacer que el niño nazca muerto. La mayoría de las mujeres son inmunes porque han tenido estas enfermedades en la infancia, pero si no las has padecido, debes mantenerte alejada de las personas infectadas y pedir consejo al médico o a la comadrona.

La toxoplasmosis es la más comentada popularmente. Un feto expuesto a ella puede sufrir hidrocefalia, convulsiones y depósitos de calcio en el cerebro, aunque las mujeres expuestas a la enfermedad durante la segunda mitad del embarazo son menos propensas a tener niños con estas alteraciones tan graves; además, la toxoplasmosis se puede tratar con antibióticos. Si tienes gato,

Temas de salud

deberías evitar vaciar la bandeja de los excrementos mientras estés embarazada, o bien ponerte unos guantes de plástico y una máscara facial o una bufanda si no tienes más remedio que hacerlo, pues la enfermedad se puede transmitir por el contacto con las heces del gato. También puede contagiarse por comer carne no cocida del todo, cruda o curada, durante el embarazo. Para evitar infecciones como la listeriosis, la salmonela y la toxoplasmosis, debes cuidar la higiene con la comida. Guarda en el frigorífico toda la comida cocida y los productos lácteos; y evita comer huevo crudo, verduras y ensaladas sin lavar, quesos blancos madurados y patés.

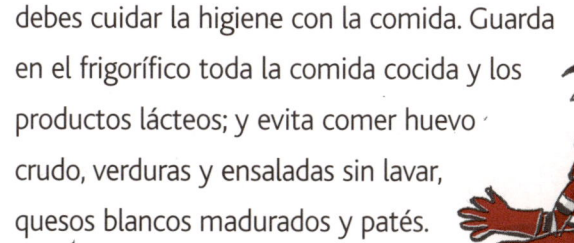

Tratamientos dentales

Si tienes problemas dentales, tu dentista tal vez necesite hacerte una radiografía para solucionar el problema. El riesgo de los rayos X dentales es mínimo, porque te van a proteger mediante un delantal de plomo y los rayos X incidirán en una zona alejada del abdomen, pero no te olvides decirle al dentista que estás embarazada. Caries, empastes, extracciones y todo el resto de operaciones dentales se pueden realizar normalmente durante el embarazo (aunque lo ideal sería durante las 12 primeras semanas), siempre que se use anestesia local. Si se debe aplicar una anestesia por inhalación o por vía intravenosa, deberías consultar a tu médico o comadrona, y si es posible, posponer el tratamiento hasta que haya nacido el niño. Los dentistas a menudo prescriben antibióticos para tratar o prevenir una infección. A menos que se padezca alguna alergia, los medicamentos a base de penicilina y cefalosporinas no ofrecen ningún peligro. La eritromicina, aunque en algunos casos perjudica el estómago, también es aceptable. El metronidazol

Temas de salud

(Flagyl), que a veces se usa para tratar los abscesos graves, también se puede tomar durante el embarazo. Sin embargo, hay que evitar tetraciclina porque puede afectar los dientes y los huesos del feto en desarrollo.

El factor Rhesus (Rh)

Cuando te hagan un análisis de sangre para determinar tu grupo sanguíneo (A, B, AB o 0), también te enterarás de si tienes lo que se llama el factor Rh o Rhesus.
Las personas Rh positivas poseen este antígeno, mientras que las Rh negativas, no. El Rh negativo es el único grupo que puede traer problemas, porque una madre Rh negativa puede fabricar anticuerpos (como parte de la respuesta de su sistema inmunológico a los invasores) contra las células Rh positivas, incluso contra las de su propio hijo. Esto se llama «sensibilización Rh». Estos anticuerpos tienen la capacidad de cruzar la placenta y atacar las células sanguíneas del feto, que a su vez pueden provocar anemia, fallo cardiaco congestivo e incluso la muerte del feto. La sensibilización Rh se puede prevenir con una medicación llamada inmunoglobulina Rh, que se da a todas las mujeres Rh negativas cuyo feto podría ser Rh positivo.

Temas de salud

El grupo sanguíneo del niño se comprueba cuando éste nace, extrayendo sangre del cordón umbilical. Si una mujer desarrolla anticuerpos contra las células Rh positivas (aunque es muy raro actualmente), se detectarán en los análisis de rutina durante el embarazo. La sensibilización Rh, que también puede darse en determinadas situaciones, como después de un aborto provocado o espontáneo, no suele perjudicar al niño en el primer embarazo, porque la madre no puede fabricar suficientes anticuerpos para originar problemas graves. Pero en el siguiente embarazo, y también en los posteriores, puede haber complicaciones si el feto es Rh positivo. En la medida de lo posible, las mujeres que estén sensibilizadas al factor Rh deberían ponerse en manos de un tocólogo especialista en embarazos de alto riesgo (perinatólogo) y pedir consejo a su médico habitual.

Hipertensión

Después de los primeros meses de mi primer embarazo me acostumbré tanto a tomarme la tensión arterial que me ponía ropa que no dificultara la toma. No entendía que mi tensión arterial fuera tan importante, y sin embargo es un indicador que el médico no puede pasar por alto. Al tomar la tensión se busca lo que se llama hipertensión inducida por el embarazo, toxemia o preeclampsia (ver páginas 244-245). La presión sanguínea normalmente disminuye en el segundo trimestre y luego recupera el nivel normal durante el tercero, pero algunas mujeres rebasan la medida considerada normal y ello despierta la preocupación del médico. Una presión sanguínea de 140/90 o superior normalmente se considera elevada.

Algunas mujeres tienen esta tensión aunque no estén embarazadas; para ellas, una presión «alta» durante el embarazo no tiene por qué ser motivo de preocupación, puesto que siempre la tienen alta. Por otro lado, si la tensión arterial de una mujer normalmente es baja, una subida durante el embarazo,

Temas de salud

aunque el valor esté por debajo de 140/90, se considera elevada. Una ligera subida de la tensión arterial no suele ser motivo de alarma, pero si va acompañada de proteína en la orina, hinchazón en las manos o cambios en algunos análisis de sangre, podría ser un indicio de preeclampsia.

Temas de salud

Preeclampsia

Los síntomas de la preeclampsia, también llamada toxemia o hipertensión inducida por el embarazo, son diferentes en cada paciente, pero es extraño que una madre sin problemas previos de tensión arterial padezca una eclampsia grave. Sin embargo, los casos más graves originan eclampsia, que puede incluir ataques o disfunciones renales o hepáticas transitorias. Algunas mujeres que sufren preeclampsia no tienen factores indicativos, aparte del hecho de que están embarazadas, pero entre los factores que predisponen a padecerla están tener más de 40 años o menos de 16, poseer antecedentes de tensión arterial elevada, diabetes u obesidad. Muchos de los síntomas de la preeclampsia también pueden darse en embarazos normales, y algunos son: hinchazón en manos o pies, aumento repentino de peso (2,5 kg en una semana), dolor de cabeza persistente, percepción constante de manchas en la visión o dolor en la parte superior del abdomen. Las mujeres que noten alguno de estos síntomas deberían informar de ello enseguida a su médico de cabecera para

Temas de salud

descartar que estén desarrollando una preeclampsia. No existe nada de momento que pueda prevenir esta dolencia en mujeres primerizas y embarazos de bajo riesgo. En pacientes de alto riesgo se han propuesto ciertas estrategias de prevención, pero ninguna ha encontrado una amplia aceptación. La preeclampsia se cura con el parto, puesto que es una enfermedad transitoria que se resuelve una vez que nace el niño; en muchos casos, los síntomas desaparecen en minutos u horas. Sin embargo, si es demasiado pronto para dar a luz, pueden prescribirse reposo absoluto (ver páginas 260-263) y seguimiento atento.

Sexo durante el embarazo

Muchas mujeres, a menos que estén vomitando, tienen un mayor interés en el sexo durante el embarazo. Para algunas sólo se trata del hecho de que no tienen que preocuparse por la anticoncepción; para otras se debe a un incremento de las hormonas. Algunos hombres encuentran muy sexys a sus parejas cuando están embarazadas, mientras que otros pueden perder apetencia, ya sea por el aumento de peso o por la idea de que podrían hacer daño al niño, por sentirse «intrusos» o incluso por pensar que el niño «se da cuenta» de lo que sucede. Lo mejor en estos casos es que tranquilices a tu marido o que pidas al médico o a la comadrona que lo hagan por ti. El sexo no perjudica al niño y, a menos que se tengan problemas de placenta previa, hemorragias o antecedentes de aborto espontáneo, lo puedes practicar perfectamente hasta que rompas aguas. No harás daño al bebé haciendo el amor, ni siquiera con el compañero encima. El grueso tapón de mucosa cervical protege de infecciones; y el saco amniótico y los fuertes músculos del útero también protegen al niño.

Temas de salud

Aunque notes que el feto se revuelve tras un orgasmo, ello es debido al aumento del ritmo cardiaco de la madre, no porque sepa lo que ocurre o porque sienta dolor. El sexo oral normal no puede perjudicarte a ti ni al niño, y muchos lo consideran una buena solución, sobre todo al ir creciendo la barriga o cuando el coito es incómodo o demasiado arriesgado por alguna razón. Sin embargo, soplar aire dentro de la vagina podría causar un embolismo aéreo (obstrucción de un vaso sanguíneo) y podría ser peligroso tanto para la madre como para el niño.

Posiciones interesantes

Llegadas a este punto, de qué te servirían mis consejos sin unas ideas prácticas y seguras... He aquí unas cuantas posiciones buenas, todas recomendadas y probadas por otras madres (y padres):

- De lado: tener a la pareja encima exige hacer cada vez más gimnasia creativa a medida que te crece la barriga, pero si os ponéis tumbados de lado, el útero no tendrá que soportar casi todo el peso de tu pareja.

- Usa la cama como puntal. Tu volumen no es un obstáculo si te echas de espaldas en el lado o al final de la cama, con las rodillas dobladas y el trasero colgando del borde del colchón. Tu pareja puede estar de rodillas o de pie delante de ti.

- Tumbaos de lado en la posición de las cucharas, que sólo permite una penetración poco profunda. Los empujes fuertes pueden llegar a ser incómodos a medida que avanzan los meses.

Temas de salud

🖐 Ponte encima de tu pareja. Así tu abdomen no soportará ningún peso y podrás controlar la profundidad de la penetración.

🖐 Adopta una posición sentada, que tampoco comprime el útero. Intenta sentarte en el regazo de tu pareja, que estará sentado en una silla robusta.

Temas de salud

Trabajar durante el embarazo

No hace mucho tiempo, se esperaba que las mujeres que desempeñaban un trabajo renunciasen a él tan pronto como supieran que estaban embarazadas. Hoy en día se ve a mujeres embarazadas en todos los puestos de trabajo: como presentadoras de televisión, enseñando, dirigiendo empresas, etc. La mayoría de estas mujeres que siguen trabajando tienen un embarazo de bajo riesgo, pero hay situaciones en que una embarazada puede tener que renunciar al trabajo o considerar la posibilidad de dejarlo antes de lo previsto. Si en el trabajo estás expuesta a sustancias tóxicas o químicas o a enfermedades infecciosas, deberías solicitar que te trasladasen a un entorno menos peligroso. Si tienes que permanecer de pie durante más de tres o cuatro horas seguidas, puede que prefieras quedarte en casa o cambiar de ocupación. Si levantas mucho peso o tienes que subirte a sillas o escaleras, o realizar otros esfuerzos, deberías preguntar si provisionalmente puedes dedicarte a tareas administrativas. Si trabajas en un entorno muy caliente, muy frío u hostil por cualquier motivo, considera la posibilidad de trabajar

Temas de salud

desde casa. Te sorprendería la cantidad de empresarios que permiten que sus empleados trabajen desde sus casas, al menos durante un tiempo. Si presentas un plan a tu jefe (instalarte un fax en casa, así como una línea telefónica extra, acceso rápido a Internet, etc.), puede que encuentres una buena disposición por su parte, y el cambio puede serte útil también cuando el niño haya nacido.

Temas de salud

Volar

Mientras tu embarazo sea normal, no hay por qué alterar los planes y dejar de viajar como has hecho hasta ahora. Para la mayoría de las futuras madres, el segundo trimestre (14ª - 27ª semanas) es un momento perfecto para viajar. Si has dejado atrás los mareos matinales y tienes un montón de energía y unas bajas posibilidades de aborto espontáneo, puedes disfrutar del lujo de descansar, quedarte en la cama hasta tarde y cenar con tu pareja sin importar la hora. También puedes disfrutar del poco tiempo que te queda para viajar ligera, sin sillita para el

Temas de salud

bebé en el coche, sin cochecito, pañales ni juguetes a cuestas. Mientras no tengas complicaciones de salud, no lleves mellizos y no hayas tenido ningún embarazo prematuro anteriormente, puedes volar en casi todas las aerolíneas hasta la 36ª semana del embarazo. Las agencias de viajes y las compañías aéreas no te preguntan si estás embarazada cuando haces la reserva, pero puede que en el momento de embarcar te den el alto. Por esta razón, a partir de las 28 semanas de embarazo, necesitarás una carta del médico que confirme tu estado y declare que no tienes probabilidades de ponerte de parto durante el vuelo. Consulta las normas de la compañía aérea con la que vas a viajar antes de partir, y no olvides que lo mismo se aplica para el viaje de vuelta.

La comodidad durante el vuelo

He aquí algunos consejos para hacerte el viaje más soportable:

🖐 Permanecer sentada, dondequiera que sea y durante largos períodos de tiempo, puede provocarte hinchazón en los pies y tobillos y calambres en las piernas. Mantén la circulación sanguínea dando paseos arriba y abajo por el pasillo.

🖐 Realiza algunos estiramientos sencillos: sentada o de pie, estira la pierna, empezando por el talón y flexionando suavemente el pie para estirar los músculos de la pantorrilla. Cuando estés sentada, haz círculos con los tobillos y mueve los dedos de los pies.

🖐 Volar durante el embarazo puede incrementar ligeramente el riesgo de padecer trombosis (coágulos de sangre) y venas varicosas. Si durante el vuelo usas medias de sujeción (no pantys, puesto que aumentan el riesgo de desarrollar aftas), contribuirás a mantener el flujo sanguíneo y a moderar la hinchazón de las venas.

Temas de salud

👋 Si hay un asiento libre a tu lado en el avión, no dudes en poner los pies en alto.

👋 Si te quitas los zapatos, puedes notar un gran alivio, pero la presión de la cabina puede hacer que se te hinchen los pies durante el vuelo e impedirte volvértelos a calzar a la llegada. Si tu barriga te dificulta la operación de ponerte los zapatos, usa un calzado sin talón, aunque te sujetarán menos el pie al andar.

Temas de salud

¿Volar perjudica al niño?

No hay pruebas de que los vuelos de placer sean perjudiciales para el feto. La presión de la cabina no le afectará; de hecho, es más probable tener problemas volando en un aparato pequeño que no cuente con cabina de presión. El oxígeno disminuye notablemente a grandes alturas, lo que significa que tu cuerpo tiene que esforzarse más para suministrarlo en cantidades suficientes, tanto a ti como al niño. Las azafatas de vuelo realizan cientos de vuelos al año, y aunque durante el primer trimestre de embarazo suelen llevar a cabo tareas en tierra como medida de precaución, los médicos coinciden en que el riesgo de las mujeres que vuelan esporádicamente es ínfimo.

Temas de salud

Tal vez llevo mellizos...

Es posible, aunque la razón más normal por la que se sobrepasa el plazo previsto para el parto es que la fecha de la concepción no es la que calculabas. Indicios de llevar mellizos son un considerable aumento de peso al principio del embarazo u oír más de un latido cardiaco. La mayoría de las personas descubren que llevan mellizos en su primera ecografía. Los síntomas propios del embarazo suelen ser más severos en estos casos, en especial los mareos matinales. Otros problemas comunes pueden ser insomnio, fatiga, malestar general y dolor, manos y pies hinchados y dificultad al andar. En casi la mitad de los embarazos de mellizos, el parto es prematuro (antes de las 37 semanas). Alcanzadas las 38 semanas, las posibilidades de que los niños estén sanos se incrementan.

Temas de salud

¿Otro pis?

En las visitas previas al parto, la comadrona usará una varilla medidora para comprobar el nivel de proteína y de azúcar en una muestra de orina. La presencia de proteína en la orina (proteinuria) proporciona información sobre el funcionamiento de los riñones. Una cantidad baja de proteína no es rara y significa sencillamente que los riñones se están esforzando mucho más que antes del embarazo. Pero también puede ser que el cuerpo esté luchando contra una infección de poca importancia y la comadrona tal vez mandará la muestra de orina a analizar, para determinar si tienes una infección, y de qué tipo. En caso afirmativo, puede que te receten antibióticos. En la siguiente visita, la comadrona comprobará si todavía existe proteína en la orina y si la cantidad ha aumentado. Si la proteinuria, aumenta puede ser un indicio de que estás desarrollando una preeclampsia (ver páginas 244-245), una de las enfermedades graves del embarazo, que afecta a la salud tanto de la madre como del niño. Si a una tensión sanguínea

Temas de salud

elevada se suma una proteinuria creciente, así como hinchazón de los dedos, los pies y la cara, puede tratarse de una preeclampsia, aunque sólo aparezca uno de estos síntomas. Si la muestra de orina tiene unos niveles altos de proteína, se te citará para hacerte otras pruebas, normalmente un examen de orina de 24 horas para medir exactamente la cantidad de proteína que excretas, además de un análisis de sangre para comprobar la función hepática. Probablemente te pedirán que te quedes en el hospital para hacerte estas pruebas, aunque este extremo se puede negociar.

Temas de salud

Cómo sobrevivir al reposo absoluto

La expresión «reposo absoluto» puede ser una sentencia o un alivio. De cualquier forma, será más duro de lo que piensas. La primera cosa que debes hacer es pedir al médico o la comadrona que te informen exactamente de qué cantidad de reposo en cama necesitas, si tiene que ser completo, con sólo los viajes imprescindibles al lavabo, o bien puedes hacer algunas cosas en casa y permanecer en la sala de estar un cierto número de horas. He aquí unos cuantos consejos para ayudarte a superar el trance:

- Sigue un horario: aunque tengas que estar en la cama, te sentirás mejor si sabes que has hecho algo positivo. Ponte ropa cómoda y planea qué vas a hacer durante el día.
- Ocúpate de la correspondencia o lee la última novela de tu escritor favorito, ahora que todavía puedes, porque cuando llegue el niño estarás demasiado ocupada.
- Haz cosas para matar el tiempo: organizar álbumes de fotografías, devorar libros, revistas y periódicos; infórmate acerca

Temas de salud

de los subsidios por maternidad; empieza a rellenar los formularios de la Seguridad Social para el niño; busca a alguien que pueda cuidar del niño y ponte películas de alquiler o la televisión.

Más consejos para guardar cama

He aquí otras ideas de mujeres embarazadas que han tenido que guardar cama:

- Aprovisiónate: que estés a la bartola no significa que no tengas que estar preparada. Puedes aprovechar para completar la canastilla y terminar de decorar la habitación de tu hijo, por teléfono o a través de Internet. Encarga todas las cosas que creas que vas a necesitar durante los tres primeros meses, incluidos los pañales. Las tiendas *on line* suelen tener una gran variedad de artículos para el cuidado del bebé y te envian el pedido directamente a casa.

- No tengas miedo de pedir a las visitas, a amigas y a la familia que te ayuden con las tareas domésticas, con la preparación de la comida o que te hagan recados. Elabora una lista de tareas, de forma que cuando alguien se ofrezca, puedas encargarle algo. Las visitas de los amigos y la familia pueden levantarte el ánimo; pero deberías procurar que vinieran sólo a las horas que te convengan.

- Conviértete en una madre experta consultando las múltiples páginas web de Internet sobre la crianza y la salud de los hijos. Si no te apetece leer sobre embarazos de alto riesgo, toma buena

Temas de salud

nota de los consejos sobre la lactancia o sobre cómo fomentar el desarrollo de tu hijo. Además, Internet es un lugar excelente para encontrar el apoyo de otras madres que también deben guardar cama, a través de las listas de distribución y los chats, donde encontrarás abundantes consejos y orientación.

🖐 Apoya a quien te está apoyando. Probablemente confías mucho en tu pareja para que haga las tareas del hogar, para que cuide a los niños y te haga recados. No te olvides de demostrarle cuánto aprecias sus esfuerzos; puedes pedir que le manden un regalo por teléfono o por Internet.

Temas de salud

Sobre el parto prematuro

La duración habitual de un embarazo es de 38-40 semanas después del primer día del último período menstrual. El parto prematuro o antes de tiempo se define como el parto que tiene lugar entre las semanas 20ª a la 37ª. Se estima que del 6 al 10 % de los nacimientos se producen entre estas semanas de embarazo. El fumar (que está estrechamente relacionado con unos resultados pobres en cuanto a embarazos, incluido el riesgo de un aborto espontáneo), los hábitos alimenticios deficientes, las toxicomanías, el alcoholismo y otras prácticas perjudiciales para la salud durante el embarazo, aumentan el riesgo de un parto prematuro y el nacimiento de un niño muerto o enfermo. Por desgracia, es difícil predecir qué mujeres están en una situación de riesgo. A veces, las mujeres confunden cierto tipo de contracciones con las del parto. A las seis semanas de embarazo, el útero, que es un músculo largo, empieza a contraerse rítmicamente. Estas contracciones, llamadas de Braxton Hicks

Temas de salud

(ver páginas 318-319), suelen ser irregulares e indoloras, y como normalmente no provocan la dilatación del cuello del útero, no constituyen ninguna amenaza para el embarazo. Las contracciones de Braxton Hicks, cuando hacia el final del embarazo aumentan en frecuencia e intensidad, se suelen llamar «parto falso». Las mujeres no suelen ser conscientes de la dilatación del cuello del útero (el estiramiento y la abertura de la entrada al útero), que sólo puede ser medida por el médico mediante un examen pélvico.

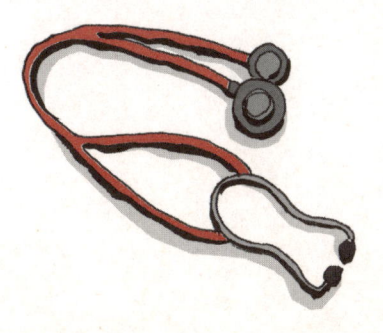

Qué hay que hacer...

Si crees notar un parto prematuro y tienes contracciones, sean o no dolorosas, que se producen más de cuatro veces en una hora o están separadas por un intervalo inferior a 15 minutos, informa de ello a tu médico o a la comadrona. Debes estar preparada para responder a las siguientes preguntas:

¿Cuándo empezó el malestar? ¿Cómo son las contracciones y con qué frecuencia se producen? ¿Qué estabas haciendo cuanto empezaste a notar los síntomas? ¿Tienes otros síntomas como los siguientes?:

- Dolores menstruales que van y vienen
- Calambres abdominales con o sin diarrea
- Dolor sordo de espalda, que puede extenderse alrededor del abdomen o hacia éste
- Un aumento de la secreción vaginal o un evidente cambio de color
- Presión constante o intermitente en la pelvis

Temas de salud

Mientras esperas la respuesta del médico, siéntate con los pies elevados y bebe un vaso de agua o zumo. Intenta relajarte, respira profundamente y distráete con la televisión o la radio. Muchas veces, las contracciones de Braxton-Hicks parecen verdaderas, hasta que realmente sobreviene el parto; la diferencia entonces se hace muy evidente. Si estas contracciones son muy diferentes de las tensiones abdominales normales, puede ser que estés de parto.

A mí me ha funcionado...

Segundo trimestre

Cuando llegues al segundo trimestre, hacia la 14ª semana, lo más probable es que los mareos matinales y la fatiga extrema lleguen a su fin, afortunadamente; no te desanimes: si no lo han hecho, pronto se acabarán. Casi puedo prometértelo. Pero a medida que tu energía aumenta, también lo hace tu barriga, y ello puede provocar otra rareza para la que no estás preparada: las estrías, el picor y otros divertimentos por el estilo.

En este capítulo encontrarás consejos sobre algunos de los temas más (y menos) importantes con los que te vas a enfrentar durante el segundo trimestre, en que serás testigo de algunos de los momentos más emocionantes del embarazo, como los primeros revuelos en el vientre (a menudo descritos como «nervios»). Es una fase

Segundo trimestre

maravillosa, en la que realmente empiezas a sentirte embarazada (ya no te parece como si pasaras una gripe) y todavía no sufres los dolores y molestias del tercer trimestre. El feto ya empieza a parecerse a un niño de verdad, con cejas y pestañas, e incluso orejas para oír tus conversaciones. No te sientas ridícula si te sorprendes hablándole a la barriga; piensa que tu hijo va a reconocerte la voz en cuanto salga por fin.

Segundo trimestre

Las estrías

Empecemos por el tema que más te va a fastidiar: las famosas estrías. He conocido a muchas madres que nunca tuvieron una estría (e intento no envidiarlas por ello), pero muchas de nosotras las tenemos a pesar de todas las lociones y ungüentos que nos pongamos. Yo tuve cuatro hijos y mis estrías empeoraron con cada uno: delante del vientre, a los lados, incluso un par en los muslos... aunque con el paso de los años han ido difuminándose.

Antes que nada, he aquí los hechos:

- Las *striae gravidarum,* o estrías del embarazo, aparecen en el 50-90 % de las mujeres embarazadas y normalmente en la segunda mitad del embarazo. Mientras que la mayoría se concentran en la parte baja del abdomen, también pueden surgir en los muslos, caderas, nalgas, pechos y brazos.

- Suelen manifestarse como pequeñas depresiones de la piel y tienden a ser rosadas en las mujeres de piel clara, y más claras que la piel circundante en las mujeres de piel oscura.

Segundo trimestre

✋ Si bien las estrías no son dolorosas, el estiramiento de la piel puede provocar picor o una sensación de hormigueo.

✋ Muchas personas tienen una fe ciega en ciertas cremas, mientras que otras dicen que no hay gran cosa que hacer ante su aparición. Tanto si te pones cremas como no, debes saber que hay factores que predisponen a padecerlas; por ejemplo, si tu madre o tu abuela las tuvieron. El aumento de peso excesivo o rápido puede empeorarlas. Una piel bien hidratada y sana se estira mejor que una piel poco cuidada. Las mujeres afroamericanas las sufren con menos frecuencia.

✋ En resumidas cuentas, ¿qué podemos hacer para combatirlas? Las estrías se difuminan tras el parto para convertirse en unas líneas plateadas, como las que tengo yo. A la mayoría de las mujeres no les preocupan, pero otras quieren quitárselas, por lo que continuamente se desarrollan nuevas técnicas, incluidas las que emplean el láser. Consulta con el dermatólogo o el cirujano plástico si te preocupan.

Segundo trimestre

Otros problemas de la piel

🖐 Un trastorno de la piel llamado la «máscara del embarazo» o cloasma, se produce cuando la melanotropina se segrega en mayores cantidades que lo habitual, lo que provoca en la futura madre pigmentación de la nariz, mejillas y frente. Alrededor de un 45-70 % de mujeres lo padecen. Aunque no es causado directamente por el sol, éste agrava los síntomas. Aparece en el cuarto o quinto mes de embarazo, pero después del parto se desvanece. La mayoría de las mujeres utilizan maquillaje para disimular las manchas cuando resultan muy evidentes.

🖐 La *linea nigra* es una línea oscura que se extiende desde el hueso púbico hasta la parte superior del útero y suele aparecer en las primerizas alrededor del tercer mes, aunque en las mujeres multíparas (es decir, que han dado a luz a más de un hijo) a menudo aparece antes. No te creas los rumores que dicen que significa que llevas un varón.

🖐 Las arañas vasculares suelen aparecer en la cara, cuello, pecho, brazos y piernas y están provocadas por el aumento de

Segundo trimestre

los niveles de estrógenos en el cuerpo. A menudo tienen forma de estrella y están ligeramente abultadas, son de color azul claro y no se vuelven blancas ejerciendo presión. El 65 % de las mujeres caucásicas y el 10 % de las afroamericanas padecen arañas vasculares, que desaparecen tras el parto. Para mí fue otro de los retos que me propuse superar.

El *palmar erithema* son unas manchas o un enrojecimiento similar de las palmas de las manos, que también es provocado por unos niveles elevados de estrógenos. Alrededor del 60 % de las mujeres caucásicas y del 35 % de las afroamericanas lo padecen.

Cualquier problema de la piel que observes conviene que lo consultes con el médico.

Segundo trimestre

Acné

¿Pensabas que los granos eran propios de los adolescentes? Pues ya ves... Mientras que a muchas mujeres las hormonas del embarazo les sirven para disminuir el acné y quedar con una piel «reluciente», otras descubren que tienen la piel más grasienta de lo normal y que se vuelve susceptible a las erupciones del acné. (También lo sufrí, ¡faltaría más!). Así pues, haz memoria y evoca aquellos felices días del instituto y recuerda que bebías mucha agua, te lavabas la cara y evitabas las comidas que podían provocarte una erupción. Yo descubrí que pasando un trocito de algodón empapado en alcohol los granitos se me secaban más rápido. También existen excelentes jabones faciales que contienen micropartículas o cáscaras de nuez para depurar la piel.

Segundo trimestre

¡El niño se mueve!

Si bien esperas sentir los movimientos del niño a partir del segundo trimestre, tal vez no sepas que el pequeño se pondrá a hacer volteretas hacia la 16ª semana. Más a menudo de lo que se piensa, los primeros revoloteos no se sienten hasta las semanas 18ª a la 22ª, aunque las madres más delgadas o experimentadas pueden detectarlos un poco antes. La situación de la placenta también puede influir en la cantidad de movimiento que se perciba; si está delante del útero, tenderá a hacer de amortiguador de las exhibiciones gimnásticas del pequeño.

Segundo trimestre

Unos cuantos mitos

Quizá hayas oído decir que si mezclas Drano (limpiador de tuberías) con tu orina puedes averiguar el sexo de tu hijo según el color que adquiera la mezcla. Sin embargo, esto es totalmente falso. Además, debo advertirte de que es muy peligroso mezclar Drano con la orina. Cuando se hicieron estudios sobre esta prueba en facultades de medicina, se utilizaron máscaras químicas y se realizaron bajo campanas químicas por la posibilidad de que se produjeran humos y explosión. Actualmente no conocemos nada excretado en la orina de la mujer embarazada que permita predecir el sexo de su hijo.

Otro mito es que se puede descubrir el sexo del niño por el ritmo de los latidos de su corazón. La creencia se basaba en que si era superior a 140 pulsaciones por minuto se trataba de una niña y si era inferior a 140 era un varón. Lo cierto es que la frecuencia cardiaca del feto fluctúa cuando se mueve y a medida que crece. Primero es más lenta y hacia las 8-10 semanas está alrededor de las 170-200 pulsaciones por minuto (ppm). Al llegar

Segundo trimestre

a la mitad del embarazo, el ritmo medio es de 120-160 ppm. Si el niño se mueve, el ritmo aumenta, al igual que sucede con el tuyo cuando haces algún movimiento. No obstante, ninguna de estas frecuencias está relacionada con el sexo del hijo. Además, un estudio reciente ha demostrado que no hay correlación entre el sexo y el ritmo cardiaco del feto.

Segundo trimestre

Alteraciones del sueño

Despertarse en plena noche con un sueño horroroso acerca del bebé puede ser angustiante, pero es muy habitual. Los que investigan el sueño lo atribuyen a las hormonas del embarazo, que pueden afectar a los patrones del sueño. Afortunadamente, tales sueños no indican que el niño tenga algún problema de salud. Si tienes pesadillas sobre el niño, no por ello vas a dar a luz a un niño con problemas de salud con mayor probabilidad que otra madre que sueñe con que tiene un niño perfecto.

Segundo trimestre

¿Sensaciones de desgarro?

La sensación que puedes estar notando es dolor del ligamento redondo, causado por el estiramiento repentino de los ligamentos redondos, que sujetan el útero a la pelvis. Tiende a agudizarse entre la 14ª y la 20ª semana de embarazo, cuando el útero ha crecido bastante pero no lo suficiente para que descanse parte de su peso sobre los huesos de la pelvis, lo que suele suceder durante la última mitad del segundo trimestre. Aunque el dolor de los ligamentos redondos puede ser alarmante, y a veces intenso, no es nada serio y no hay que preocuparse.

Segundo trimestre

Presión en el abdomen

Se produce cuando sales a dar un paseo y el abdomen se te pone rígido y duro; en realidad no duele, aunque es una extraña sensación. Puede ser incómoda pero no tiene por qué ser motivo de preocupación. Es conveniente que te empieces a familiarizar con los indicios de un parto prematuro (ver página 266), para que puedas reconocer las contracciones prematuras cuando se presenten. En caso de duda, vale más pecar por exceso de precaución. Es mejor presentarse en la sala de partos con una falsa alarma que dar a luz sin preparación alguna.

Segundo trimestre

Ausencia de síntomas

La primera parte del segundo trimestre es una especie de «desierto» en cuanto a los síntomas del embarazo. La fatiga y las náuseas propias del primer trimestre pueden empezar a decrecer y no es probable que en esta etapa percibas mucho movimiento del feto. Ponte en contacto con el médico de cabecera o con la comadrona para aclarar cualquier preocupación que tengas. Algo tan sencillo como sentir el latido del corazoncito puede devolverte la confianza de que todo se desarrolla como debe.

Segundo trimestre

¡Me estoy volviendo loca!

En un momento estás contenta y al siguiente te pones a llorar ante los anuncios de la tele. Además, lo olvidas todo: por qué entraste en la habitación, las llaves, una reunión... No te preocupes, yo solía decir que dejé una parte de cerebro con cada uno de mis hijos. Es algo normal, pero si te pones nerviosa por ello, todavía va a ser peor. Intenta reírte de la situación, aunque sientas ganas de llorar. También puede serte de ayuda reducir el estrés de tu vida, así como confeccionar listas para no olvidarte de las cosas. Si estás preocupada, tendrás despistes como dejarte la cocina encendida y deberás adoptar la rutina de comprobarlo cada día antes de irte a la cama. Te evitará tener que levantarte en mitad de la noche con la duda.

Segundo trimestre

Picores

Alrededor del 20 % de las mujeres embarazadas tienen algún tipo de picor generalizado en la piel. Las hormonas y la piel que se estira, sobre todo en la barriga, probablemente tienen la culpa, pero consulta al médico si el picor es muy intenso, si la piel parece como si tuviera ictericia o para descartar que se trate de sarna, eccema atópico o urticaria. Aplícate crema hidratante o date un baño caliente con avena para calmar el hormigueo de la piel. El calor puede aumentar el picor, por lo que deberías usar prendas de algodón anchas y evitar salir cuando apriete el calor.

El sueño durante el segundo trimestre

Disfrútalo mientras puedas. En este momento, el cuerpo se estará ajustando a los cambios hormonales, puesto que la influencia de la progesterona se ha reducido bastante. Deberías sentirte menos cansada que en los primeros meses y capaz de dormir más plácidamente. Pero no olvides que la cualidad y la cantidad de sueño todavía no son tan buenas como antes del embarazo y puede que ronques (ver páginas 288-289), que tengas congestión (ver página 60), calambres en las piernas (ver página 110) o sueños agitados (ver página 278).

Segundo trimestre

Aprovecha tus energías

Al mismo tiempo, tu sensación de haber recuperado la energía puede comportar que no quieras (o no necesites) echarte un sueñecito extra. Qué injusta es la vida... Mientras te sientas con más energía y puedas dormir lo suficiente por las noches, empieza a hacer ejercicio regularmente. Consulta el capítulo sobre el ejercicio, donde encontrarás un montón de ideas atractivas. La actividad favorecerá tu salud mental y física, así como te ayudará a dormir más profundamente por la noche.

Segundo trimestre

Hemorragias nasales

A pesar de ser inoportunas e incluso embarazosas, las hemorragias nasales son un síntoma perfectamente normal del embarazo. El aumento del suministro sanguíneo presiona las delicadas venas, y las membranas interiores de la nariz se hinchan y se secan, sobre todo en invierno. Estos cambios pueden provocar que estas venas se rompan con facilidad y den lugar a pequeñas hemorragias. Cuando la nariz te sangre, quédate sentada apretando la aleta nasal del lado correspondiente al menos durante cuatro minutos. No te eches, porque la sangre podría ir hacia el estómago y provocarte mareos o vómitos. Consulta con el médico si las hemorragias son frecuentes e intensas o si las medidas anteriores no las cortan. Para evitarlas procura remediar la sequedad nasal, sobre todo en invierno o en climas secos, cubriendo las aletas de la nariz con vaselina, o utilizando un humidificador dentro de la casa; también deberías sonarte suavemente y beber mucho líquido para mantener los tejidos

Segundo trimestre

hidratados, incluidas las membranas nasales. Estas hemorragias son incómodas, pero lo más seguro es que desaparezcan después del parto.

Segundo trimestre

¿Roncas?

Al empezar el segundo trimestre, puede que ronques por primera vez en tu vida. Aunque tu (y también tu pareja) estarás menos que emocionada con este cambio, no te desanimes, porque hay muchas posibilidades de que dejes de roncar después del nacimiento del niño. La causa de tus cantos nocturnos es la hinchazón de los conductos nasales. Durante el embarazo, el aumento de los niveles de progesterona puede provocar que los delicados tejidos de los conductos nasales se inflamen y obstruyan parcialmente las aberturas. También puede ser que tus fosas nasales sean estrechas por naturaleza o que el tejido extra en la parte posterior de la garganta, la hinchazón o la retención de fluidos a causa del embarazo te obstruyan las fosas. Según un informe sobre el sueño, alrededor del 30 % de las embarazadas roncan en este período. Si tienes una obstrucción nasal grave, aumenta el riesgo de que desarrolles apnea, que se caracteriza por unos ronquidos sordos y períodos de detención de la respiración. Puedes controlar los ronquidos

Segundo trimestre

durmiendo de lado y no de espaldas, o usando una tira nasal (que venden en las farmacias) para mantener las fosas nasales abiertas. Evita el alcohol, el tabaco y los somníferos, porque todavía cierran más las fosas.

Segundo trimestre

Dolor en las nalgas

La ciática es un dolor que se origina en el nervio ciático, que parte de la parte inferior de la espalda, atraviesa las nalgas y se prolonga hasta el final de cada pierna. El dolor puede manifestarse como unos tirones agudos en la parte inferior de la espalda, el muslo, la pierna o el pie, parecidos a agujetas o un entumecimiento. Puede ir y venir, afectar sólo un lado o ser tan grave que cada movimiento se hace insoportable. Yo tuve una ciática terrible durante mis embarazos (aunque la he tenido toda la vida). Lo normal es que empiece en el segundo o tercer trimestre, y a menudo se marcha tras el nacimiento del niño. Cuando el dolor era muy intenso, me daba masajes calientes, pero al final me compré un aparato de masaje eléctrico con una fuente de calor. También son útiles los ejercicios para reforzar la base de la pelvis y los músculos abdominales, así como el acetaminofén, pero antes de tomarlo deberías consultarlo con el médico. Algunas mujeres consiguen alivio acudiendo a un quiropráctico, pero hay que asegurarse de que éste tiene la

Segundo trimestre

adecuada formación y experiencia en el tratamiento de embarazadas. Otras ideas que funcionan son:

- Mantener la espalda lo más recta posible en todo momento, e intentar no sacar la barriga ni arquear la espalda.
- Aplicar una bolsa caliente o helada en la zona dolorida durante 10 minutos.
- Usar zapatos planos y blandos para evitar las sacudidas en la columna vertebral al caminar.
- Evitar permanecer sentada largos ratos.
- Escuchar lo que te diga el cuerpo y no hacer nada que te duela.
- Cuando estés sentada, utiliza un pequeño cojín o una toalla enrollada detrás de la espalda; en la cama, ponte almohadas y cojines para aguantar la barriga.
- Evita levantar pesos pesados; si tienes que levantar algo, hazlo doblando las rodillas y manteniendo la espalda recta.

Segundo trimestre

Cambios de posición

Estar cómodamente en la cama puede ser uno de los mayores problemas durante el embarazo, sobre todo si estás acostumbrada a dormir boca abajo o boca arriba, puesto que ambas posiciones son problemáticas. Durante el primer trimestre, la sensibilidad en los pechos puede impedirte dormir boca abajo, pero a medida que la barriga crezca, dormir de espaldas cada vez será más incómodo. Al dormir boca arriba, todo el peso del útero recae en la espalda, los intestinos y la vena cava inferior, que transporta la sangre de la parte inferior del cuerpo al corazón; esta posición también puede aumentar el riesgo de padecer dolores de espalda y hemorroides, mala digestión, afectar la respiración y la circulación, e incluso bajar la presión arterial. En el primer trimestre, conviene que adoptes el hábito de dormir hacia el lado izquierdo. Esta posición beneficia al niño porque aumenta al máximo la afluencia de sangre y nutrientes hacia la placenta; también ayuda a los riñones a expulsar los productos de desecho del cuerpo de forma más

Segundo trimestre

eficiente, lo que a su vez reduce la hinchazón de tobillos, pies y manos. Intenta hacerte un ovillo o estirarte tumbada sobre el lado izquierdo poniéndote unos almohadones entre las piernas, debajo de la barriga y en la espalda para apoyarte; vuelve a esta posición si te despiertas y te encuentras boca arriba o boca abajo. Puedes comprar almohadas especiales para el embarazo, aunque las que tengas en casa pueden servirte igual de bien. Más adelante, te sentirás más cómoda si usas un sostén para dormir y un cinturón de maternidad. Finalmente, si dormir de lado te presiona demasiado las caderas, compra un trozo de espuma y colócalo entre el colchón y la sábana inferior para que aumente tu comodidad y la circulación del aire.

Segundo trimestre

El cuidado de los dientes

Hay un viejo dicho según el cual una mujer pierde un diente por cada hijo que lleva. Esto no es exactamente cierto, pero estar embarazada puede aumentar los problemas dentales. La gingivitis es una inflamación de las encías bastante común, que puede ser causada por un incremento del flujo sanguíneo a las encías provocado por las hormonas del embarazo. Si además te salen moratones fácilmente, tienes hemorragias nasales intensas o frecuentes o sangras de cualquier otra parte, debes ponerlo en conocimiento de tu médico. Cepíllate los dientes con un cepillo de cerda suave al menos dos veces al día para prevenir las caries y límpiatelos también con hilo dental regularmente. Los adultos deberían hacerse una limpieza dental cada seis meses, pero las embarazadas deberían pensar en hacerlo más a menudo, por ejemplo, cada tres meses.

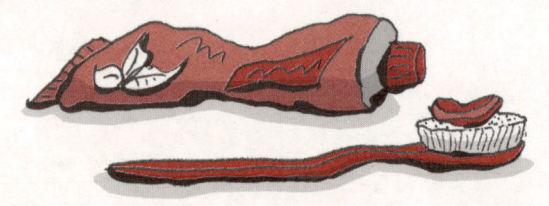

Segundo trimestre

Unos ahorrillos

Una madre nos dice que tal vez lo primero que hay que poner en la habitación del niño sea una hucha, para ir echando en ella unas monedas siempre que se pueda. Ésta es una manera segura de empezar a ahorrar para el niño, aun cuando pienses que ahora mismo no te lo puedes permitir. Cuando hayas reunido una cantidad aceptable, piensa en qué podrías invertirla de cara al futuro de tu hijo. Después de todo, éste se va a convertir en adulto y estará encantado cuando vea que tu frugalidad ha tenido su compensación y cuenta con unos ahorros para ayudarle cuando vaya a la universidad.

Segundo trimestre

¿Puedo comprar ya?

Comprar todo el equipo nuevo para el bebé es uno de los mejores capítulos del embarazo... hasta que te das cuenta de que a cada nueva compra los cheques vuelan del talonario que da gusto. A mí nadie me dijo que los niños salían tan caros incluso antes de nacer... Aquí te presento unos cuantos consejos de otras madres ahorradoras sobre cómo tener todo lo que necesitas y conservar un rinconcito en el banco, tal vez para celebrar la última salida nocturna con tu pareja ahora que todavía podéis hacerlo. Mercadillos, tiendas de segunda mano y almacenes de depósito son buenos sitios para encontrar juguetes, artículos para el bebé y mobiliario infantil. Tienen los precios mucho más baratos, incluso te pueden llegar a costar una cuarta parte de lo que pagarías si fueran de primera mano; por ejemplo, puedes encontrar sonajeros, móviles y muñecos de goma, y los cochecitos y otros accesorios de viaje de segunda mano pueden costarte casi la mitad. Pero debes ir con cuidado y pedir siempre una demostración para comprobar que los juguetes electrónicos

Segundo trimestre

funcionen perfectamente, así como asegurarte de que ciertos artículos no hayan sido retirados del mercado, como puede suceder con los asientos de seguridad para coche, que hoy en día deben cumplir unas estrictas medidas de seguridad.

Segundo trimestre

Trucos para comprar mejor

👋 Pregunta a los encargados de las tiendas de segunda mano qué día llegan los camiones con el género, nos aconseja una madre. Si vas ese mismo día por la tarde o a la mañana siguiente encontrarás lo mejor. Los lunes por la mañana suelen ser buenos días, porque la gente entrega las cosas durante el fin de semana.

👋 No te olvides de las librerías de viejo, otro gran recurso de las madres. Allí puedes conseguir buenas ofertas de clásicos infantiles y libros de tapa dura; también en las tiendas de música de segunda mano puedes encontrar unos cuantos tesoros.

👋 Muchos almacenes venden su stock, sobre todo juguetes, de la temporada de Navidad, con grandes ofertas y rebajas. Comprar regalos de cumpleaños y juguetes para la Navidad o Reyes del año que viene puede hacerte ahorrar mucho dinero.

Segundo trimestre

Confiar en los clásicos

Cuando vayas a las tiendas de artículos infantiles verás toda clase de cochecitos, caminadores, juguetes de goma, asientos infantiles para el coche y canastas. No olvides comprar sólo lo que te haga falta (ver páginas 304-307). Tu hijo probablemente no necesita el último modelo en cochecitos, y si te limitas a comprar los clásicos de siempre vas a ahorrarte mucho dinero. No encontrarás tocadores estilo *Chippendale* en los almacenes especializados en muebles embalados en cajas, pero sí tendrás artículos clásicos y resistentes a precios asequibles. El inconveniente es que muchas veces tendrás que montarte los muebles, pero no es difícil y sólo requiere un destornillador y un tubo de cola para madera.

Segundo trimestre

Ofertas y artículos de muestra

Un viaje al departamento de ofertas de unos grandes almacenes puede ahorrarte un buen puñado de dinero. Suelen tener muebles con pequeños golpes o imperfecciones, motivo por el que no pueden venderlos a precio normal. Sin embargo, con una mano de pintura o unas cuantas plantillas de ositos puedes convertir un tocador en el mueble principal de la habitación del niño. Tampoco dejes de echar un vistazo a los artículos de muestra, como nos aconseja una madre. Suelen ser más económicos que nos nuevos porque han sufrido cierto uso y desgaste, y la gran ventaja es que no tienes que montarlos.

Segundo trimestre

Acumulando pañales

Nos dice una madre: «Uno de los mejores consejos me lo dio una amiga: empezar a comprar pañales en cuanto sabes que estás embarazada». Al tener una cierta cantidad acumulada cuando el bebé nazca, no notarás tanto el descenso en la cuenta del banco. Compra sólo un paquete o dos de la talla de recién nacido (porque puede que el niño salga más grande) y la mayoría de las medidas 1 y 2. Y no compres pañales de primeras marcas, a menos que están de oferta o incluyan vales de descuento en próximas compras. Puedes ahorrarte mucho dinero. Aprovecha también las ofertas de los supermercados y compra el tamaño ahorro.

Segundo trimestre

Busca en buhardillas y sótanos

Aquellas que tengáis la suerte de tener una familia con tradición de hormiguita, podéis buscar en las buhardillas y sótanos de vuestros padres, suegros e incluso amigos, muebles infantiles, cochecitos, asientos de seguridad para coche, etc. También puedes consultar guías de compra, tiendas de depósito y mercadillos. Pero conviene que tengas una cosa muy en cuenta: los barrotes de la cuna deben tener una separación no superior a 7 centímetros, para evitar que la cabeza del niño quede atrapada en ellos. Y los asientos para coche mejoran constantemente, por lo que no conviene usar uno que tenga más de dos años.

Segundo trimestre

Espera un poco

Nos advierte una madre: «No lo compres todo de color amarillo o blanco». Si no sabes el sexo del bebé, resiste la tentación de comprar colores neutrales. Si quieres saber el sexo con tiempo, no será hasta la 20ª semana como mínimo, por lo que te aconsejo que esperes hasta entonces, y podrás comprar en color azul o rosa (si quieres...). Espera también un poco a comprar, tal vez hasta el tercer trimestre, porque la llegada de un bebé despierta la generosidad de las personas. Puedes informar a la familia y amigos que deseas que te regalen pañales, leche maternizada y otros artículos importantes, pues así ahorrarás un poco. Es la manera de no llegar a acumular una colección de 50 peleles.

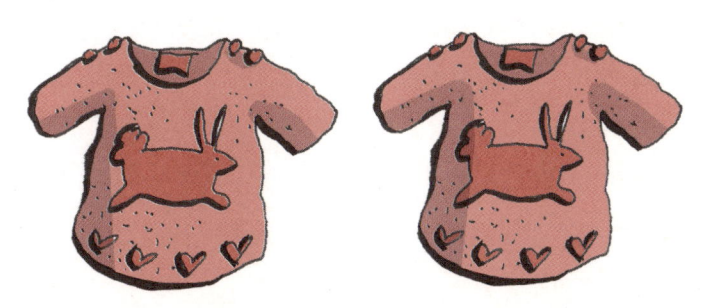

Segundo trimestre

Sobre necesidades y lujos

Probablemente no necesites todos los artículos que te imaginas, por lo que aquí te ofrezco una selección para que te sirva de guía:

✋ Necesidad: una cuna. Es un artículo caro. Si estás pensando comprar una de segunda mano o pedirla prestada, asegúrate de que cumple las últimas normas en cuanto a seguridad.

✋ Lujos: una cuna portátil o moisés (es compacto y portátil. Aunque los niños crecen muy rápido y pueden dormir en una cuna desde el primer día); y una cuna que se acopla a la cama de los padres (es lo mejor si te gusta esta opción).

✋ Necesidad: colchón y mantas que se ajusten a la cuna. Es importante usar mantas diseñadas especialmente para cunas, que se adaptan y se ajustan bien al colchón.

✋ Lujos: conjuntos de cama que hagan juego (los protectores para la cuna son muy monos, pero no son necesarios para que el niño esté cómodo. Un móvil (si tiene música y se bambolea en el aire puede ser un gran

Segundo trimestre

somnífero para el niño, pero debe cumplir ciertas normas de seguridad).

🖐 Necesidad: una colchoneta para cambiar pañales con los extremos inclinados y una banda de seguridad, que puedes colocar encima de una cajonera cualquiera que te llegue a la altura del pecho, que es lo correcto.

🖐 Lujos: una mesa para cambiar pañales. Es una inversión que puede valer la pena si piensas tener más de un hijo, o si después puedes utilizarla para otros usos. Fundas extra para la colchoneta de cambiar pañales.

🖐 Necesidad: una silla cómoda para dar el pecho. Deberías tener un asiento especial (un balancín, un sillón reclinable o una butaca) donde puedas poner los pies en alto y relajarte para las innumerables veces que darás el pecho a tu hijo.

🖐 Lujos: una mecedora. Es cara y sirve específicamente para la habitación del bebé; algunas madres no pueden pasar sin ella. Una almohada especial para dar el pecho y un escabel, que también puedes improvisar con almohadones normales y un taburete bajo.

Segundo trimestre

Más necesidades y lujos

👋 Necesidad: un cubo para los pañales. Si quieres una opción económica, compra un cubo y unas bolsas en el supermercado.

👋 Lujos: un cubo para pañales de diseño, un dispensador de pañales, un calentador de toallitas para bebé (un toque de distinción, aunque a veces reseca las toallitas).

👋 Necesidad: una bañera para bebés o un adaptador para bañera o fregadero. Las bañeras para bebés no son demasiado caras, pero si deseas ahorrar, considera la compra de un adaptador para bañera o fregadero, una funda de esponja gruesa que protege al niño. Un termómetro para el baño no es caro y es de gran utilidad.

👋 Lujos: toallas con capucha (son prácticas y agradables pero no imprescindibles). Manoplas infantiles (puedes usar cualquier paño suave).

👋 Necesidad: asiento de seguridad para el coche (ver página 297).

👋 Lujos: juguetes para la sillita del coche. Sombrilla (las hay que sólo proporcionan una pequeña sombra, así que puestos a comprar, más vale comprarla grande). Espejos retrovisores adicionales para vigilar al niño (pueden distraer al conductor).

Segundo trimestre

👋 Necesidad: un cochecito u otro medio de transporte. Considera la posibilidad de utilizar un sistema de silla para coche y cochecito, sobre todo si vives en una ciudad y tienes que desplazarte mucho con el coche, o bien ahorra y adquiere un cochecito robusto con sombrilla.

👋 Lujos: un cochecito totalmente reclinable o una silla todoterreno.

👋 Necesidad: una mochila tipo canguro, una mochila portabebés o un portabebés clásico. Los dos primeros te dejan las manos libres, son ideales para fortalecer el vínculo entre padres e hijos y son muy compactos, mientras que el portabebés clásico a menudo hace las veces de una sillita de coche y/o es parte de un sistema de transporte.

👋 Lujos: un portabebés estilo mochila a la espalda (los recién nacidos no se pueden llevar así). Una colcha especial de borreguillo (muy bonita, pero una manta normal hace la misma función).

Segundo trimestre

Seguro de vida

Debra Jo Immergut, redactora financiera de la revista *Parents*, aconseja que se considere contratar un seguro de vida. Para casi todas las personas, los seguros de vida proporcionan la mayor cobertura por el mínimo coste. A causa de las muchas variantes que existen (como la edad del asegurado y la de los hijos), no hay una regla universal que diga qué cobertura conviene más, pero los expertos aconsejan una cantidad igual a cinco veces el salario anual. También puedes informarte sobre el seguro de vida que te ofrezca tu empresa. Muchas compañías proporcionan seguros que cubren un año de salario; la cobertura normalmente puede incrementarse pagando una prima extra. Tampoco está de más que el padre o la madre tengan suficiente cobertura para cubrir los gastos de cuidar al niño, puesto que en el caso de que él o ella muera, el cónyuge trabajador probablemente necesitará alguien que cuide del niño.

Testamento

Debra tambíen asegura que es necesario hacer testamento, porque permite nombrar tutores para los niños. En caso contrario, si algo te ocurriera a ti y a tu cónyuge, el niño podría convertirse en el títere de una lucha por su custodia, o ser criado por parientes cuya forma de educar a los hijos sea completamente opuesta a la vuestra. No hay por qué correr el riesgo. En el testamento hay que especificar cómo quieres que se distribuyan tus bienes. Aunque tu situación económica sea sólo modesta, tu casa, lo que se cobre del seguro de vida, las contribuciones a los planes de jubilación y la jubilación pueden totalizar un patrimonio sustancioso. Si mueres sin dejar testamento válido, la ley determinará quién se lleva tu herencia, lo que puede acarrear problemas a los que quedan y tener que pagar sumas elevadas a los administradores designados por el Estado.

Segundo trimestre

Consejos para el futuro padre

Los papás también esperan, pero muchas veces se sienten dejados de lado porque casi toda la atención se centra en la futura madre. He aquí unas cuantas sugerencias, hechas por los propios padres, para que se sientan más partícipes:

- Frótale los pies a tu mujer: darle un masaje con las manos o los pies puede aliviarle la tensión y darte la oportunidad de hablar tranquilamente con ella.
- Limpia el baño: esto puede parecer que tiene una baja prioridad, pero ¿a quién le gusta inclinarse sobre un lavabo sucio?
- Demuestra interés. Por ejemplo, cuando habléis de los posibles nombres para el niño por enésima vez; piensa que para ella es una cuestión importante, y a fin de cuentas, también para ti. Acompáñala a las visitas siempre que puedas, ya desde los primeros latidos y la primera ecografía. Llévala a cenar. Y no olvides dedicar cierto tiempo a tu compañera como pareja.
- Toma clases de parto. No te preocupes si te abrumas o te ves ridículo. Las clases te ayudarán muchísimo cuando ella esté de parto y te prepararán para muchas de las cosas que van a ocurrir.

Segundo trimestre

👋 Sé tú quien llene el depósito del coche; parece una tontería, pero los gases pueden marearla y no son buenos ni para ella ni para el niño.

👋 Lee un libro sobre el embarazo; demostrándole que tienes interés en el tema puedes disipar sus temores. También hay muchas páginas web pensadas para los padres.

👋 Déjale hacer la siesta. Si está exhausta, una cabezadita de una hora puede dejarla como nueva, así como quedarse hasta más tarde en la cama durante el fin de semana.

👋 Siente el bebé: pon la mano en su vientre mientras veis la televisión o cuando estáis en la cama (pero pídeselo antes).

A mí me ha funcionado...

Tercer trimestre

Ya casi has llegado... Está tan cerca que casi puedes tocarlo. Pero mientras tu emoción aumenta, tu movilidad disminuye y te parece como si estuvieras caminando todo el rato por dentro del agua.

Está bien. Piensa que ahora ya no tienes que hacer tantas cosas, excepto estar a punto para cuando llegue el niño. No hace falta decir que todavía conservas tus energías, aunque la capacidad de dar saltos es menor. Sé que no debería decirlo, pero intenta disfrutarlo al máximo. Este trimestre se hace corto y en él suceden muchas cosas maravillosas, como que el niño te da codazos en las costillas y la vejiga... Bueno, en realidad es divertido ver cómo se mueve y reacciona la barriga y pensar que pronto

Tercer trimestre

él o ella estará fuera dándote la lata. Ten paciencia, pero no pierdas la ilusión y emplea este tiempo que te queda antes del nacimiento para disipar los temores del parto y aprender todo lo que puedas. Habla con algunas madres que hayan dado a luz recientemente, toma un par de clases más y pon los pies en alto. Ya queda poco...

Tercer trimestre

Haciendo planes con antelación

Para hacer más sencilla la transición a una vida con un niño, empieza a planificarla con tiempo. Tenlo todo a punto para tu 37ª semana, puesto que en realidad tienes un mes de fecha prevista, de la 37ª a la 42ª semana. Tendrás que hacer una lista de ayudantes, estar a punto para el viaje de vuelta y preparar la casa (ver página 316). Para hacer la lista de ayudantes, escribe los nombres y los números de teléfono de todas las personas cuya ayuda puedes necesitar después del nacimiento del niño: los asistentes de la madre (tocólogo/comadrona), del niño (pediatra/clínica), teléfono de información de la nursery del hospital, orientación sobre lactancia, teléfono de atención de La Liga de la Leche, enfermera de la Seguridad Social o asistencia sanitaria local, servicio de doula para el posparto, etc. Si das a luz en un centro de obstetricia o en un hospital, tendrás que llevarte el niño a casa en una silla especial para el coche, así que instálala y practica cómo se usa antes de que llegue el niño. También tendrás que hacer la «bolsa» del niño con ropa que sea

Tercer trimestre

apropiada a la temporada en que nazca. Ya sea nueva o usada, lava la ropa del bebé separada de la del resto de la familia y con un detergente que no perjudique al bebé. Haz tu maleta con la ropa que necesites para volver a casa. Escoge prendas holgadas, puesto que sólo perderás unos 5 o 6 kilos después del parto.

Tercer trimestre

Preparando la casa

Durante los primeros días o semanas tendrás al niño durmiendo en tu habitación. Estos consejos te ayudarán a acomodarle:

- Instala la cuna o el moisés cerca de ti o haz de tu cama un lugar seguro, quitando las almohadas y la ropa de cama mullida.
- Convierte una cajonera en una mesa para cambiar pañales. Despeja la superficie y cúbrela con una toalla doblada y una colchoneta especial. Pon todo lo que necesites para cambiar los pañales en una bandeja. No olvides sujetar siempre con una mano al niño cuando le cambies desde una superficie elevada.
- Añade los elementos siguientes para mantener la habitación limpia y salubre: un cubo para tirar los pañales usados, un cesto para la ropa sucia del bebé y una papelera cubierta con una bolsa de plástico para tirar las torundas de algodón y las toallitas.

Tercer trimestre

El temor a romper aguas en público

Los programas de televisión a menudo muestran al personaje de la embarazada rompiendo aguas, siempre en un restaurante (normalmente durante un asalto o un momento de acción). Te lo creas o no, sólo el 5 % de las mujeres embarazadas rompen aguas espontáneamente. En la mayoría de los casos el parto se inicia y, cuando entre una contracción y otra median cinco minutos y la embarazada está en el hospital, una enfermera pincha manualmente el saco amniótico para desencadenar el parto. Es un proceso indoloro y no tienes de qué preocuparte. Si por casualidad eres una de las pocas mujeres que rompen aguas naturalmente, aunque las contracciones no hayan empezado, debes ir inmediatamente a urgencias porque una vez que el saco amniótico se ha roto hay el riesgo de una infección. Los médicos normalmente intentan sacar al niño en las 24 horas siguientes después de haber roto aguas, así que al menos puedes quitarte este problema de la cabeza.

Tercer trimestre

Las contracciones de Braxton Hicks

Estas contracciones realmente pueden sacarte de quicio. Tú vas andando tranquilamente cuando de repente el vientre se tensa y se pone increíblemente duro. Tal vez pensarás... no, seguro que pensarás: «¿Lo es? ¿Estoy de parto?». Pues no, lo siento pero no estás de parto, aunque ciertamente el cuerpo se está preparando para ello y el abdomen se tensa para disponerse a empujar. Estas «falsas» contracciones (aunque no necesariamente se perciben como falsas) siempre empiezan en la parte delantera y no producen verdadero dolor hasta mucho más adelante, o tal vez hasta el segundo o tercer embarazo. Es más frecuente tenerlas mientras se realiza una actividad y pueden ser lo bastante intensas como para dejarte un momento sin respiración. El parto verdadero suele empezar en la parte inferior de la espalda y luego se desplaza hacia el abdomen, y se parece más a un calambre. Para que entiendas la diferencia, si te echas, las contracciones de Braxton Hicks desaparecen al cabo de un rato.

# Tercer trimestre

En cambio, si se trata de las verdaderas, no cesan aunque estés echada. Coméntalo con la familia y las amigas, porque en cada mujer es diferente. Sin embargo, te aseguro que cuando el bebé llegue, lo sabrás.

Tercer trimestre

Eleva los pies y las piernas

Según nos dice una madre, permanecer unos 10-15 minutos echada de espaldas y con las piernas en alto hará milagros durante el tercer trimestre. Esta postura activa la circulación en las piernas, alivia los pies doloridos y cansados, e incluso descansa la espalda dolorida. Es un consejo no sólo útil al final del día, sino a cualquier hora, cuando quieras darte un breve y merecido descanso.

Tercer trimestre

El niño y la vejiga

Éste es decididamente uno de los capítulos menos divertidos del embarazo. Ahora que tu hijo está creciendo rápidamente y le falta espacio, puedes empezar a sentir unas ganas repentinas de orinar, como si la vejiga fuera a explotar, aunque en realidad no tengas necesidad. Esto se debe a que el niño está tumbado encima de la vejiga, ya sea directamente o bien con un pie o un brazo ejerciendo presión en ella. Cuando el niño se acomoda en la pelvis, tendrás ganas de ir al lavabo cada media hora, pero ello no quiere decir que puedas reducir tu ingestión de líquidos; en realidad debes beber más, sobre todo en los meses de primavera y verano. Otro órgano que el bebé pude presionar es el estómago, lo que puede provocarte acidez (la bilis del estómago vuelve hacia la tráquea). Al entrar en el octavo y el noveno mes de embarazo, te parecerá que el niño cada vez aplasta más los órganos internos. No te preocupes; sólo es ocasional y ya no queda mucho tiempo para que el pequeño nazca.

Tercer trimestre

Presión en la pelvis

A veces, durante el tercer trimestre, sobre todo hacia el final, puedes sentirte como si te acercaras a la tierra, como si el niño te empujara hacia abajo. Esta presión en la zona pélvica es muy normal y suele significar que el niño ha «caído», es decir, que ha empezado el descenso hacia el canal del parto. Una punzada en la pelvis es un poco como una presión en la pelvis, sólo que puede producirse tanto estando sentada como estando de pie, y se percibe como si algo estuviera golpeando en la zona vaginal. Aunque esta sensación tan desagradable puede durar un minuto, más o menos, no te preocupes porque es muy habitual. Procura situar las caderas en una posición más elevada que los hombros, echándote en una cama o sofá con unos cuantos cojines debajo de las caderas. También hay una especie de «cabestrillos» en el mercado que se pasan por debajo del vientre y ayudan a soportar el peso del niño. Yo nunca usé ninguno, pero si se tienes problemas en esta zona puede que te convenga probar alguno.

Tercer trimestre

Equilibrio

El equilibrio puede ser difícil de controlar durante los últimos meses del embarazo. El cuerpo no está acostumbrado a sus enormes proporciones y puede que de vez en cuando tengas problemas de equilibrio. Durante mi último embarazo (el cuarto) me sentía falsamente optimista acerca de mi capacidad de mantener el equilibrio. En aquel entonces tenía un restaurante y estaba muy segura de mi habilidad para hacer varias cosas a la vez. Al final, un día aterricé de nalgas al menos dos veces, mientras daba saltos (sí, saltos) en un suelo mojado y otro cubierto de harina. Afortunadamente, el niño iba bien protegido tras una especie de «airbag incorporado» y a mí tampoco me pasó nada.

¿Cómo lo llevas?

Hay un dicho antiguo según el cual si llevas el bebé más arriba, es más probable que tengas un varón, y si lo llevas bajo, más probable que sea una niña. Sin embargo, no es más que esto, un dicho, y no es cierto. Cada persona es diferente en cuanto a proporciones, y cada embarazo es distinto. Las proporciones del cuerpo antes del embarazo influyen enormemente en la forma en que se lleva al niño. Una madre nos dice al respecto: «Cuando llevaba a mi hija, iba arriba, pero antes de quedar embarazada de mi hijo engordé algunos kilos, y a él lo lleve a media altura. No hace falta decir que el cuerpo embarazado perfecto no existe. No todas las mujeres tendrán una barriga llena y perfectamente

Tercer trimestre

redonda cuando lleguen al tercer trimestre. En mi primer embarazo tenía el vientre completamente redondo, pero en el segundo parecía como si tuviera dos vientres, uno arriba y el otro abajo, con una especie de pliegue entre ambos».

Esto es totalmente cierto. De hecho, puedo añadir que cuando llevaba a mi hija (el segundo embarazo) nadie se imaginaba que estaba embarazada si me veía sentada (ni tan siquiera a los siete meses), y con mi último hijo todo el mundo pensaba que llevaba mellizos porque, aunque vista de espaldas no parecía en absoluto que estuviera embarazada, por delante tenía una enorme barriga redonda. Lo que sucedió es que llevaba un hermoso niño que pesó más de cuatro kilos al nacer.

Tercer trimestre

Adivina qué parte del cuerpo...

El primer mes del tercer trimestre es la mejor época para jugar a un juego muy entretenido que se llama «Adivina qué parte del cuerpo». Ahora el niño es lo suficientemente grande para empezar a explorar el entorno en el que está, ejerciendo presión con los pies, las manos y los puños contra el estómago de la madre. A medida que vaya creciendo, presionará con otras partes de su cuerpo. El juego consiste en adivinar qué parte. La pena es que no se pueda comprobar el nivel de aciertos. A veces, puedes distinguir perfectamente un pie de una mano si te aprietas con el dedo en el estómago hasta encontrar una hilera de pequeños bultos, que pueden ser los dedos de las manos o de los pies. Una vez que los hayas encontrado, mueve lentamente el dedo o la palma de la mano hacia otra parte del vientre. Si el pequeño bulto empieza a seguirte, es probable que lo que encontraste fuera la mano. Al mes siguiente, el niño será un poco mayor y la presión será más fuerte, por lo que podrás decir con mayor facilidad de qué parte del cuerpo se trata. Yo solía jugar a este

Tercer trimestre

divertido juego con los pequeños que llevaba en el útero. Daba un suave golpecito en la parte del cuerpo que fuera, y nueve veces de cada diez el niño respondía con un golpe o una patadita de su parte. Resultaba muy efectivo en aquellos momentos en que me daba cuenta de que hacía un rato que no había notado ningún movimiento y me entraba la angustia...

Tercer trimestre

La mano en el vientre

He leído en muchos libros y páginas web sobre embarazadas que a veces se acercan desconocidos a las embarazadas y les piden que les dejen tocarles el vientre. Por lo que he entendido, la razón de que la gente haga esto es porque les fascina el pensar que dentro está creciendo una vida. La idea de que un desconocido te pregunte si puede tocarte el estómago puede dar un poco de grima, pero si te apetece o no, es algo que sólo depende de ti. La mayoría de las mujeres, incluida yo misma, piensan que una barriga de embarazada es algo demasiado secreto y personal para ser tocado. Así que si alguien a quien no conoces te pide ponerte la mano sobre el vientre, no temas decirle: «No, no me gusta mucho». Se trata de tu cuerpo y tú decides.

Tercer trimestre

El instinto maternal

Cuando la fecha prevista empieza a aproximarse, es muy habitual que la mujer embarazada sienta la necesidad de limpiar y organizarlo absolutamente todo, para asegurarse de que todo esté a punto para cuando el niño llegue a casa. Es un instinto maternal natural, como también el pensar que aunque lo tengas todo dispuesto, siempre queda algo por hacer. Sigue adelante, pues este tiempo libre de que dispones se esfumará en cuanto llegue el niño.

Tercer trimestre

Pros y contras

A medida que el niño baja y se acomoda en la pelvis, la presión en los pulmones disminuirá y notarás que puedes respirar mejor. El estómago es otro órgano que empezará a ganar espacio, por lo que podrás digerir mejor la comida y probablemente sientas más hambre que durante los meses recién pasados. Pero ojalá la ley de la gravedad pudiera hacer excepciones con las mujeres... Con los kilos extra de tu hijo y el tamaño de la barriga, tu cuerpo (en especial las piernas), no está acostumbrado a llevar tanto peso. Por lo tanto, en vez del paso ligero de antes, te parecerá que vas andando como un pato. Y durante el noveno mes, el tamaño de la barriga no sólo te causará problemas de sueño, sino que la ansiedad al pensar que se acerca el día, muchas veces te impedirá disfrutar de un sueño reparador. Pero es muy normal que las mujeres, sobre todo si se trata del primer embarazo, se sientan nerviosas ante la expectativa del parto. Probablemente pensarás: ¿Sabré cuándo empieza? ¿Qué haré cuando llegue el momento? ¿Cómo lo notaré? ¿Tendré dolores?, entre otros

Tercer trimestre

miles de preguntas e inquietudes. Es perfectamente comprensible, incluso aunque éste no sea tu primer hijo, pero debes intentar concentrarte en el presente, y todo lo demás llegará a su debido tiempo.

Dilatación

A cada visita durante el noveno mes, cuando el médico te haga un examen pélvico, va a comprobar si estás o no dilatada. La dilatación se produce cuando la entrada al canal del parto (el cuello del útero) empieza a ensancharse lentamente para que el niño pueda pasar por él cuando le llegue el momento de nacer. Si el médico te dice que estás dilatada uno o dos centímetros, no te entusiasmes y esperes que el niño vaya a nacer en unos cuantos días; ni cuando el médico te diga que la bolsa de las aguas está empezando a sobresalir. Cuando tengas

Tercer trimestre

una dilatación de dos centímetros, todavía pueden faltar de una a tres semanas para que se inicie la segunda fase del parto. La dilatación se considera la primera fase del parto (ver en páginas 368-369 las demás fases) y puede ser un proceso muy lento, que normalmente no empieza hasta la segunda semana del noveno mes. Piensa que el cuello del útero se dilatará hasta diez centímetros antes de que nazca el niño, y la mayoría de las veces no se dan medicamentos contra el dolor hasta que no se ha dilatado cuatro centímetros. Habitualmente, cuando la embarazada está en pleno parto (con contracciones cada cinco u ocho minutos) en el hospital, todavía tiene una dilatación de dos a cuatro centímetros, y a partir de ese momento es cuando el proceso empieza a acelerarse.

Tercer trimestre

Tintes para el pelo y permanentes

Si habitualmente te tiñes el pelo o llevas permanente, puedes preguntarte si es perjudicial o no seguir haciéndolo. Por desgracia, ésta no es una cuestión fácil de responder. En ambas técnicas se aplican productos químicos directamente al cuero cabelludo y pequeñas cantidades de ellos pasan a la sangre. En estudios realizados en animales, los productos químicos de peluquería se han relacionado con defectos de nacimiento, aunque éstos sólo se producen tras una exposición mucho más larga que la experimentada con los tratamientos capilares habituales. La mayor parte de las investigaciones, si bien son limitadas, muestran que ni el tinte ni la permanente ofrecen peligro alguno para las embarazadas. Sin embargo, empleando el sentido común, los médicos a menudo aconsejan esperar a cumplir el primer trimestre, puesto que al principio del embarazo es cuando el desarrollo del feto está más influenciado por los factores externos. Otra alternativa que puede serte útil es hacerte reflejos o un baño de color, pues en estos dos procedimientos hay poco contacto del

Tercer trimestre

color con el cuero cabelludo, y así se minimiza la exposición a los productos químicos. Otra importante consideración antes de hacerte una permanente es que los resultados pueden ser impredecibles en tu pelo, pues puede reaccionar de forma diferente a la normal. Si bien muchas personas, incluidos los peluqueros estilistas, atribuyen este hecho a las «impetuosas hormonas» del embarazo, lo cierto es que la permanente puede dejarte el pelo liso, encrespado o rizado en unas zonas y no en otras. Evidentemente, la decisión de teñirte o permanentarte es tuya. Consulta con el médico o la comadrona para saber su opinión sobre los productos químicos capilares y así poder decidirte con más información.

Tercer trimestre

Masajes

Muchas embarazadas encuentran que los masajes son una forma excelente de rejuvenecerse y relajarse. Sin embargo, después de la 20ª semana de embarazo, aproximadamente, es importante recordar que no debes tumbarte de espaldas. Una gran vena que va al corazón, la vena cava, pasa por la pared posterior del abdomen, junto a la columna vertebral, y puede quedar comprimida por el peso del útero cuando te echas plana boca arriba. Pide a la persona que te da el masaje que te ponga una almohada debajo de la cadera derecha cuando estés tumbada. Esto separa el útero de las venas principales. Muchos masajistas poseen una mesa hecha especialmente para las embarazadas, que tiene un hueco en el centro para la barriga; así es posible adoptar una posición más cómoda para los masajes en la espalda. Si el o la masajista no tiene este tipo de mesa, es mejor que no te tumbes completamente boca abajo, por razones obvias y no sólo porque es una posición incómoda. Durante esta parte

Tercer trimestre

del masaje, échate de lado. Si te masajean el abdomen, ten cuidado que no te provoque contracciones; si notas alguna, pídele que no prosiga con el masaje en esta zona.

Dedos de las manos y los pies

Durante el embarazo, puedes quedar gratamente sorprendida al ver cómo las uñas de los dedos y los pies crecen a una velocidad mayor y más fuertes de lo normal. Si acudes a hacerte la pedicura, te evitarás la difícil tarea de cortarte las uñas de los pies cuando la barriga constituye un gran obstáculo para llegar a ellos. Procura que la sala donde te atiendan esté bien ventilada, para que no te expongas a los gases de productos como la laca de uñas durante mucho rato.

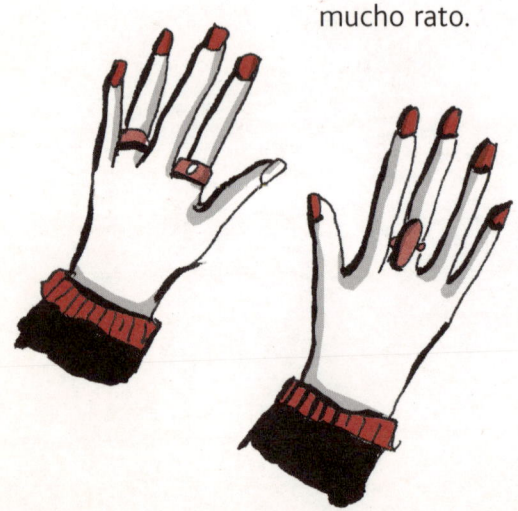

Tercer trimestre

Las doulas

Una doula es una mujer que ha estudiado para ayudar emocional y físicamente a la mujer en el parto, y las familias suelen solicitar sus servicios para que sea un apoyo para la parturienta y su pareja. La mayoría de las doulas se entrevistan con la familia antes del parto, hablan sobre el plan del alumbramiento y ayudan a la familia durante los trabajos del parto y el nacimiento, y a veces también en el posparto. Pero no proporcionan atención médica a las parturientas. Hay estudios que demuestran que las mujeres atendidas por doulas tienen un índice de cesáreas menor y usan menos epidurales que las que utilizan los servicios tradicionales. Las doulas no prescinden del padre durante el alumbramiento; ciertos estudios sobre la participación del padre en los partos asistidos por doulas indican que existe más contacto entre la madre y el padre en este tipo de partos que en aquellos en los que el padre es el único ayudante.

Tercer trimestre

Haciendo la maleta

Conviene que tengas una bolsa preparada para ir al hospital antes de que pongas de parto, pues cuando tengas las contracciones no estarás para ir metiendo las cosas en la maleta. No te preocupes pensando qué debes llevar; aquí tienes una lista de cosas prácticas que pueden serte de utilidad. No hace falta que lo pongas todo, pero siempre es mejor tenerlas a tu lado durante el parto que lamentarte por haberte dejado algo en casa.

- Tarjeta del seguro o papeles del hospital
- Almohada favorita
- Una fotografía especial o un objeto que hayas elegido como foco de atención
- Albornoz
- Zapatillas (para caminar por el pasillo a medida que progrese el parto)
- Calcetines
- Chupachups, para mantener la boca húmeda

Tercer trimestre

- Bálsamo labial, pues el aire seco del hospital, así como los ejercicios respiratorios, pueden resecarte los labios
- Cepillo y pasta de dientes para refrescarte la boca durante los trabajos del parto
- Reproductor de CD o casete para oír tu música relajante favorita
- Loción o aceite, para los masajes que te dará el instructor
- Una pelota de tenis, para que el instructor la frote por la zona lumbar para aliviar la tensión
- Pasador o cinta para el pelo
- Gafas, si las usas; algunos hospitales no permiten llevar lentes de contacto durante el parto
- Cámara de fotografías, unos cuantos rollos de películas y pilas suficientes
- Cámara de vídeo
- Lista de teléfonos de amigos y parientes
- Libro del bebé, para tomar sus huellas digitales

Tercer trimestre

Cuestión de oportunidad

Muchas veces se recomienda un modo de proceder determinado en situaciones que requieren una acción rápida por razones médicas. Cuando hay que tomar decisiones rápidamente, puede ser difícil recordar todo lo que querías preguntar para poder decidir con conocimiento de causa. Aquí tienes una lista para ayudarte a aclarar con el médico todas las cuestiones que creas conveniente comentarle. Tal vez te será útil hacer una fotocopia y llevarla contigo.

- ¿Cuál es mi problema particular?
- ¿Por qué es un problema?
- ¿Es muy grave?
- ¿Puede explicarme el tratamiento que me recomienda?
- ¿Por qué es necesario (es decir, cómo me va a beneficiar a mí o al niño)?
- ¿Cuáles son los riesgos?
- ¿El tratamiento va a resolver mi problema del todo o simplemente lo va a aliviar?

Tercer trimestre

- Si no funciona, ¿qué haremos luego?
- ¿Por qué se tiene que hacer ahora? ¿Qué ocurre si esperamos un poco?
- ¿Qué puede ocurrir si decidimos no hacerlo?
- ¿Qué otras alternativas existen?

Tercer trimestre

Supera tus temores

La mayoría de las mujeres (y los hombres) tienen algo que les da miedo cuando se acerca la hora del parto. ¿Cuándo debemos ir al hospital? ¿Qué es exactamente una episiotomía? ¿Tendré que estar conectada al monitor fetal durante todo el trabajo del parto? ¿Sentiré mucho dolor? La información no acaba con todas las inquietudes, pero ayuda a que te sientas más preparada para afrontar el parto en general. Aprende técnicas para afrontar el dolor: las clases te enseñarán diferentes métodos para conseguirlo. Entre ellos están los ejercicios de respiración y relajación, la visualización y otras actividades tranquilizadoras.

Tercer trimestre

Clases a las que puedes asistir

Infórmate en el hospital o en la asociación de preparación al parto sobre las clases a las que tú y tu familia podéis asistir, entre las que se encuentran:

- Clases tempranas para el embarazo
- Clases de parto con cesárea
- Clases de parto vaginal después de cesárea
- Clases de lactancia
- Cuidados básicos del bebé
- Clases de resucitación cardiopulmonar infantil (o renacimiento boca a boca)
- Masaje de bebés
- Clases para hermanos
- Clases para abuelos

Tercer trimestre

Planificar el nacimiento

Además de prepararte para el parto mediante la educación y la práctica de técnicas de relajación, ¿qué más puedes hacer para que la experiencia sea como tú quieres? Aunque la suerte siempre juega un papel en la forma en que se desarrolla el parto, puedes hacer algunas cosas para tener una experiencia de baja tecnología, si es esto lo que deseas. En algunos hospitales de hoy en día, más del 70 % de las madres reciben la epidural, por lo que si quieres tener un parto sin medicamentos, puede serte de ayuda planificarlo con tiempo y escribir tu plan para el parto (ver página 348). Otros consejos son:

✋ Escoge al médico concienzudamente, para estar segura de que va a cumplir tus deseos concretos.

✋ Considera la posibilidad de contar con apoyo extra en el parto. Además de tu pareja, podrías invitar a una amiga o una familiar que haya tenido un parto natural, o contratar los servicios de una doula (ver página 339). Aunque tu pareja sea quien te cuide más, y también quien te conoce mejor, muchos

Tercer trimestre

padres no están preparados para ser el único apoyo para la madre durante el parto. Es angustiante ver cómo la persona a quien amas está sufriendo, y difícil darse cuenta de lo cerca que está el final. Por si fuera poco, existe mucha información sobre cuestiones de comodidad durante el parto y no todos los padres dedican el mismo tiempo a prepararse el papel de asistente.

👋 **Informa sobre tus deseos con tiempo.** Comunica con antelación cómo quieres que sea la experiencia. Durante el parto no podrás pensar con claridad y te costará tomar decisiones, así que di a tu equipo si no quieres que te den medicamentos contra el dolor e instrúyelos acerca de lo que quieres que hagan si se lo pides. Puesto que muchas madres piden medicación en plena tensión de la fase transitoria del parto, considera la posibilidad de usar un código que sea una indicación segura de que realmente has cambiado de opinión.

Tercer trimestre

Escribe tu plan para el parto

En vez de confeccionar una tradicional lista con los puntos más importantes, puede que quieras escribir el plan para el parto en forma de carta en la que expliques el tipo de experiencia que deseas tener. Si eres capaz de hacerlo en pocas líneas y centrándote en las prioridades, le facilitarás la lectura a tu médico. No te olvides de poner claramente que confías en que el equipo del hospital hará lo más conveniente para ti y para el niño, y deja bien claras las decisiones que quieres que se tomen en caso de emergencia. Habla con el equipo, con el médico o la comadrona y exponles lo que pretendes. Pregúntales si tus pretensiones son lo bastante realistas, dado el lugar donde vas a dar a luz y el curso de tu embarazo. No es de extrañar que a muchos médicos les incomode firmar un plan para el parto como si se tratara de un contrato. Aunque vean con buenos ojos tus deseos, no pueden prometerte que las cosas saldrán como tú quieres.

Tercer trimestre

Ante la duda, prefiere lo natural

Algunos alumbramientos son más «factibles» que otros. Si no puedes decidir qué tipo de parto quieres, tienes la opción de prepararte para el parto natural y ver qué ocurre. Puedes cambiar el programa si el parto se alarga o si te sientes agotada. Los medicamentos por vía intravenosa, como Nubain® o Demerol® pueden hacer más soportables las contracciones, en el caso de que quieras un poco de ayuda pero no necesites la epidural. Estos medicamentos afectan menos al desarrollo del parto.

Tercer trimestre

Métodos de preparación al parto

Hay tres métodos principales de preparación al parto. Muchos instructores incluyen elementos de cada uno, además de imágenes inducidas, musicoterapia y otras técnicas de relajación. Para más información, ponte en contacto con la consulta de tu médico o comadrona, con el hospital o la asociación de educación para el parto.

El método Dick-Read se remonta a la década de 1940 y fue uno de los primeros intentos de educación para el parto. Según este método, la falta de información sobre el parto, o una información incorrecta, provoca temor, este temor provoca tensión y la tensión contribuye a aumentar el dolor. Por lo tanto, la comprensión de la forma en que el alumbramiento afecta a las diferentes partes del cuerpo puede ayudar a disipar el temor.

El método Lamaze, que lleva el nombre del doctor Fernand Lamaze, prepara a las mujeres para afrontar activamente las contracciones. Cada mujer es condicionada (entrenada) para responder a las contracciones mediante la relajación, mientras

Tercer trimestre

que los ejercicios respiratorios sirven para distraerse del malestar. Este método integra al padre como asistente y anima a las parejas a compartir el nacimiento del hijo. Es uno de los más practicados para controlar los dolores del parto.

El método del doctor Robert Bradley se centra en el papel del padre como ayudante, basándose en la creencia de que su participación activa es esencial para la experiencia del alumbramiento. Las parejas suelen asistir a las clases mucho antes en el embarazo. En opinión del doctor Bradley, la mujer debería continuar respirando normalmente durante todo el parto hasta el alumbramiento.

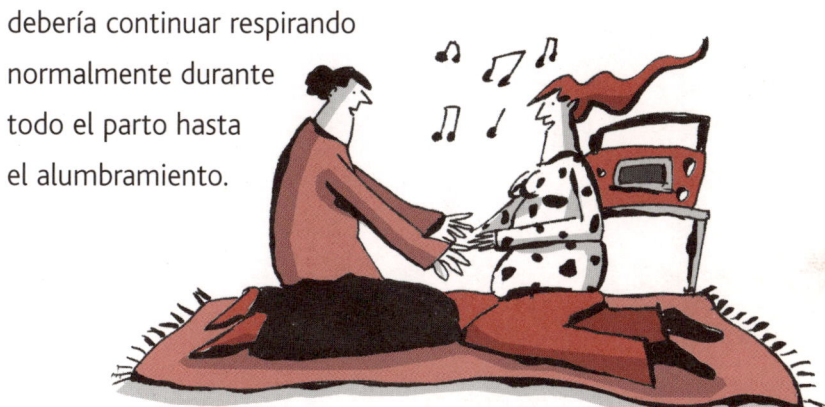

Tercer trimestre

A punto para dar el pecho

Las mujeres, sea cual sea la forma y tamaño de sus pechos, pueden amamantar de modo satisfactorio. Durante el embarazo, el pecho sufre ciertos cambios aunque la madre no piense amamantar a su hijo. Algunas embarazadas experimentan un período de sensibilidad y muchas perciben un aumento de tamaño en los pechos. Hacia el final del embarazo, se puede producir una pérdida de calostro (una leche rica en proteínas). Hay varias cosas que puedes hacer para prepararte a ti y a tu cuerpo para estos cambios y para dar el pecho cuando nazca el niño.

Crea un entorno que ofrezca apoyo. Conviene que el tocólogo, el pediatra, la enfermera o el médico de cabecera que escojas sean partidarios de la decisión que has tomado de dar el

Tercer trimestre

pecho y que puedan responder a todas tus preguntas. Instrúyete: se dice que dar el pecho es uno de los actos más naturales que puede hacer una madre, pero ello no significa que siempre salga de forma espontánea. Cualquier madre que quiera dar el pecho por primera vez puede beneficiarse de las lecturas sobre el tema, o bien tomar clases para aprender las técnicas de lactancia y asegurarse de que el entorno donde va a dar a luz le ofrezca el apoyo adecuado. También conviene que te prepares físicamente. Puede que te preguntes si debes fortalecer los pezones. Mientras que existen varios regímenes que se pueden recomendar para reforzarlos con vistas a la lactancia, muchos expertos están de acuerdo actualmente en que no es necesario prevenir el dolor una vez se ha empezado a dar el pecho. Evita usar jabones y otros agentes irritantes o desecantes en los pezones durante el embarazo y mientras das el pecho.

Ayuda para la lactancia

Los pezones de algunas mujeres no sobresalen ni se retraen en el centro, aunque los estimulen. Las mujeres que tengan pezones planos o invertidos pueden dar el pecho satisfactoriamente aunque no les dediquen ningún tratamiento especial durante el embarazo. Sin embargo, hay algunas operaciones sencillas, como el uso de protectores para el pecho o una sencilla técnica de masaje llamada Técnica Hoffmann, que pueden ayudar a prevenir una frustración innecesaria al querer dar el pecho al recién nacido. Si sospechas que tienes los pezones invertidos, consulta a tu médico o comadrona o ponte en contacto con un servicio como la Liga de la Leche, que pueda ofrecerte asesoramiento. Si los pechos aumentan de tamaño durante el embarazo, no dudes en comprarte sostenes de copas más grandes. Recuerda que la comodidad es tan importante como la sujeción, y ten en cuenta que la talla de pecho puede continuar aumentando cuando el niño ya haya nacido y empieces con la lactancia. Por esta razón debes limitar el número de sostenes de

Tercer trimestre

lactancia que compres hacia el final del embarazo a sólo dos o tres, hasta que hayas empezado a dar el pecho y sepas qué talla te resulta más cómoda.

Tercer trimestre

Ten las cosas bien claras

He aquí algunos pasos para conseguir que el alumbramiento sea tal como tú quieres:

- Debes tener muy claro el tipo de experiencia que buscas. ¿Te inclinas por el parto natural? ¿Quieres que te administren la epidural? ¿Quieres sentir que te monitorizan por si hay problemas, o prefieres que te permitan ir más a tu aire? Estas ideas pueden ayudarte a decidir el médico que quieres que te asista y el lugar donde quieres dar a luz; piensa que son decisiones que pueden influir más en tu experiencia que cualquier «plan para el parto» que puedas diseñar. Ten en cuenta que muchos médicos o comadronas sólo asisten en uno o dos sitios, así que éstas son dos decisiones muy relacionadas una con otra.

- Instrúyete, porque hay muchas maneras de tener un niño. Infórmate bien sobre el parto y el nacimiento y todas sus opciones. Lee, habla con amigas y escoge un método de preparación al parto que se avenga con tu propia filosofía.

Tercer trimestre

👋 Entérate de cómo es un parto en el lugar que has escogido. Muchos hospitales ofrecen visitas a sus unidades de parto y alumbramiento. Infórmate de los procedimientos de rutina que utilizan y las normas de la unidad de partos, así como del grupo de médicos en prácticas de tu tocólogo.

👋 Haz preguntas y busca a alguien que haya parido en el mismo centro, a través del médico o de amistades. Por ejemplo, algunos hospitales sólo permiten que esté presente en el parto cierto número personas, o tienen normas respecto al uso de videocámaras. Algunas unidades tienen bañeras para el parto o duchas en las habitaciones para favorecer tu relajación. Comprender todos estos temas puede ayudarte a apreciar las opciones que tienes ante ti.

Tercer trimestre

Déjate guiar por la intuición

Yo tuve una interesante variedad de experiencias en el nacimiento de mis cuatro hijos. El primero tuvo lugar en un hospital normal y corriente, atendido por tocólogos, y la experiencia, a decir verdad, fue horrible. No tenía ni idea de que las comadronas y las enfermeras comadronas tituladas constituían una posibilidad factible en el caso de un parto sin problemas. El siguiente nacimiento fue una fabulosa experiencia en un hospital, pero con una comprensiva comadrona que me dejó parir en el suelo de la habitación, sobre una manta, y tomó a la niña, literalmente, en cuanto salió. El tercero fue un parto en el domicilio, asistido por una estupenda enfermera comadrona y un técnico médico de emergencia (por si acaso). Tomé la precaución de donar cierta cantidad de dinero a la sección de bomberos locales voluntarios y servicio de ambulancias y les informé del día que debía dar a luz, para que estuvieran alerta. También alquilé un tanque de oxígeno y otros equipos que me recomendó la comadrona. Afortunadamente, no necesité

Tercer trimestre

ninguno de ellos y di a luz y me recuperé en el sofá de la sala de estar. Para mi cuarto alumbramiento volví al hospital; aunque el parto en casa me había resultado una experiencia fantástica, era un poco más estresante porque me preocupaba por «entretener» a la comadrona y tener la casa limpia. Armada de un montón de experiencia y tres partos naturales, no tuve problemas para dar a luz en un hospital clínico de la Ivy League con comadrona y un estudiante de medicina que atendía a su primer parto. Bueno, ¿y por qué te cuento todo esto? Cada parto es diferente y cada mujer es diferente. La clave es encontrar lo que te conviene a ti y al niño, y no preocuparte por lo que tu amiga, tu madre o yo hicimos cuando tuvimos a nuestros hijos. Si te sientes a gusto con los tocólogos y los hospitales, entonces recurre a ellos. Pero no te sientas obligada si preferirías probar un ambiente más distendido. La experiencia del nacimiento te pertenece y al final habrás de empujar igualmente para que salga el pequeño.

¿Dónde dar a luz?

Tanto si has elegido dar a luz en un hospital público, en una clínica privada o en tu propia casa, conviene que sepas las ventajas e inconvenientes que cada lugar te ofrece:

🖐 Los hospitales privados ofrecen un mayor confort tanto para la parturienta como para los familiares que le acompañan. La habitación individual, el trato personalizado y el seguimiento del mismo médico que ha seguido su embarazo, normalmente, a través de una mútua son los principales beneficios. Sin embargo, las clínicas privadas suelen registrar una mayor incidencia de cesáreas que los públicos.

Tercer trimestre

👋 Los hospitales públicos ofrecen una mayor disponibilidad de especialistas y tratamientos de alta tecnología. De manera que ofrecen una gran seguridad en en caso de que el parto presente complicaciones.

👋 Los centros naturales de maternidad ofrecen un entorno más familiar que los hospitales. Tienen un bajo índice de cesáreas y, si surgen complicaciones, la mujer o el recién nacido pueden ser trasladados a un hospital. Además, algunos centros disponen de piscinas específicas para realizar partos en el agua.

👋 El parto en el domicilio es otra opción que confiere intimidad a la pareja, que pueden vivir ese momento de una manera más libre. La madre tiene libertad para moverse, expresarse y adoptar las posturas que mejor le ayuden a dar a luz. En un parto que transcurre con normalidad, la fuerza de la gravedad es la gran aliada. Si el parto se complica, la madre o el recién nacido deben ser trasladados rápidamente al hospital más cercano.

A mí me ha funcionado...

El parto

¿Qué puedo decir? No deja de infundir un poco de miedo y de emoción. También provoca miles de emociones más, que van desde la euforia al agotamiento. Antes del parto, muchas veces sentirás una punzada o una contracción y te preguntarás: ¿Ya? El corazón te latirá más deprisa y el estómago se te revolverá un poco... sólo el tiempo necesario para que te des cuenta de que las contracciones han cesado.

Puede que te sientas decepcionada o aliviada. Pero pronto será de verdad y de repente tu deseo de que se acelere y ocurra ya de una vez se desvanecerá y puede que te sorprendas pensando: «Espera un momento». Respira hondo. Vuelve a respirar y prepárate para dar a luz.

En el capítulo siguiente encontrarás muchos consejos que te pueden ser útiles. Es imposible que te

El parto

acuerdes de todos, pero si puedes recordar aunque sólo sea uno para superar el trance del parto, que sea éste: respira, inspirando y espirando, inspirando y espirando (ver páginas 388-389). No tienen por qué ser los ejercicios respiratorios de Lamaze; simplemente respira y sé consciente de que tu hijo está saliendo de una forma u otra. ¡Claro que lo puedes hacer! Y cuando el recién llegado aparezca, será sorprendente.

Indicios claros de parto

Después de superado el octavo mes de embarazo, el tiempo parece que transcurra más despacio. A medida que el vientre va creciendo, tu paciencia parece terminarse y no puedes esperar más a dar a luz. Para las primerizas puede ser una experiencia terrorífica porque no saben qué les espera. El parto se inicia cuando el cuello del útero se empieza a dilatar y se hace más delgado, para que el niño tenga el paso suficiente para salir. Las siguientes preguntas te ayudarán a saber si estás de parto.

✋ ¿La gente ha empezado a decirte que has bajado o te has aligerado? Esto sucede cuando el niño se coloca bien para el parto. Te darás cuenta de que puedes volver a respirar normalmente.

✋ Da un paseo: ¿sientes que las contracciones se intensifican? Ésta es una señal de que estás de parto. Si las contracciones se debilitan, es una falsa alarma de parto.

✋ ¿Has tenido una hemorragia? Esto ocurre cuando el tapón de mucosa que sella la entrada al cuello del útero se desprende.

El parto

Parece una masa gelatinosa con un poco de sangre, y es una señal de que el niño está llegando.

👋 ¿Has roto aguas? Se nota porque un líquido claro e inodoro mana o sale de golpe de la vagina. Prepárate, porque es un signo de que las contracciones se harán más fuertes y frecuentes durante las próximas seis a doce horas.

👋 ¿Tienes dolor de espalda? Cuando las contracciones se intensifican, puedes empezar a notarlas en la espalda.

👋 ¿Tienes una necesidad imperiosa de limpiar? Esto es el instinto maternal y es un indicio de que el parto está cerca.

👋 ¿Se te ha marchado el estreñimiento? ¿Te ha venido diarrea? Así se vacían los intestinos para dejar sitio al pequeño.

Primera etapa: fase latente

La primera etapa del parto empieza con la llegada de las contracciones regulares y finaliza cuando el cuello del útero está completamente dilatado. Se divide en tres fases. La segunda y la tercera tienen lugar cuando tienes que sacar el bebé fuera apretando y cuando se expulsa la placenta. La primera fase, llamada latente, es la más larga de las tres, para dar tiempo a que se dilate el cuello del útero hasta tres o cuatro centímetros, a la vez que se borra o se suaviza y se vuelve más fino. Esto puede durar cinco horas o más, y la dilatación puede parecer que avanza a ritmo muy

El parto

lento durante largas horas. A lo largo de esta fase, las contracciones duran unos 30-40 segundos y el intervalo entre ellas se va acortando hasta llegar a los cinco minutos, aproximadamente. Lo normal es que estas contracciones sean suaves y fáciles de soportar; algunas mujeres las describen como parecidas a los dolores menstruales. Sentirás contracciones en la parte baja posterior y hacia la parte delantera inferior del abdomen. Muchas mujeres sienten emociones contradictorias durante esta fase: pueden estar excitadas y contentas, sabiendo que el final del embarazo se acerca, pero también pueden notar cierta aprensión, especialmente las primerizas. Aunque tal vez tengas un montón de energía en este momento, debes comer de forma frugal, beber para saciar la sed y descansar. Conservar las energías es esencial, porque el parto puede que dure más de lo previsto. Éste es el momento de avisar a los componentes de tu equipo de apoyo, así que toma el teléfono y llámales para decirles que estén a punto para cuando llegue el momento de acompañarte al hospital.

Fase media

Durante la fase media o activa de la primera etapa del parto, el cuello del útero se dilata a un ritmo acelerado hasta los siete centímetros, aproximadamente. Esta fase suele durar unas tres horas, durante las cuales las contracciones se vuelven más intensas y regulares, con tres a cinco minutos de separación y una duración de unos 60 segundos. Llegada a este punto necesitas incrementar la concentración durante las contracciones, que pueden ser más dolorosas. Algunas mujeres necesitan calmantes. Puede producirse una hemorragia (ver páginas 364-365), formada por una mucosa más sanguinolenta que en la ocasión anterior, pero no es motivo de alarma. No obstante, a medida que la fase avanza, puede que sientas menos ganas de hablar, puesto que tu atención está más dirigida hacia el interior. Si no estás cansada, puedes sentarte o caminar un poco arriba y abajo y cambiar a menudo de posición, al menos cada 30 minutos. En algunos centros ofrecen la posibilidad de darse una ducha o relajarse en una bañera con agua caliente. Es esencial que cuentes con el apoyo de alguien y te relajes.

Fase de transición

Esta fase se compone del estiramiento final del cuello del útero antes de que el niño se dirija al canal del parto. Es una fase breve pero cada vez más intensa, que suele durar unas dos horas, hasta que el cuello del útero se dilata de ocho a diez centímetros. Las contracciones se hacen más intensas, separadas por un intervalo de dos o tres minutos, y duran unos 60-90 segundos, lo que deja poco tiempo a la madre para descansar entre una y otra. En este momento debes concentrarte en trabajar con la respiración y el ritmo natural del cuerpo, y puede que necesites ayuda. Algunas madres dicen que en esta fase se pusieron irritables y sensibles al entorno; otras experimentaron temblores, accesos de calor y de frío, náuseas, vómitos y emociones cambiantes. Si todavía no has roto aguas, probablemente lo harás durante la transición. También puede que sientas la necesidad imperiosa de empujar a medida que el niño va bajando hacia el canal del parto.

¿Me quedo o me voy?

Si estás embarazada de menos de 35 semanas y tienes contracciones regulares que duran más de 30 segundos y se producen de cuatro a seis veces por hora, prueba a descansar y beber mucho líquido. Si las contracciones no se calman con estos cambios de actividad, llama al médico. Los indicios de un parto prematuro pueden ser sutiles y deben ser evaluados.

Una vez que hayas superado las 36 semanas, si es tu primer embarazo, es más probable que tengas que acudir al lugar del parto más temprano que más tarde. No midas las contracciones hasta que sean dolorosas y regulares. Piensa en dirigirte al hospital cuando sean tan fuertes que no puedas hablar durante ellas, cuando entre una y otra medien menos de cinco minutos y cuando prosigan al mismo ritmo durante más de una hora. Las mujeres que ya han dado a luz alguna vez, pueden usar el parto anterior como guía. Por término general, el segundo hijo llega en la mitad de tiempo que el primero y los embarazos siguientes suelen ser similares al segundo. Si no estás segura de si se trata

El parto

del parto verdadero o es una falsa alarma, no tengas miedo de acudir al lugar del parto para que te examinen. El médico y las enfermeras ven cada día a muchas mujeres con partos falsos. A veces es difícil incluso para el profesional determinar si se trata del verdadero.

Métodos naturales para inducir el parto

A medida que se aproxima el final del embarazo, debes prepararte para dar a luz. Puede que te preguntes si será bueno intentar inducir el parto de forma natural y cómo puedes hacerlo. Pero no deberías planteártelo hasta que hayas llegado a la 40ª semana de embarazo, o hayas salido de cuentas. La razón es porque la fecha prevista puede tener un error de un par de semanas y si empiezas a parir sin llegar a las 40 semanas podrías dar a luz antes de que el bebé estuviera preparado para desarrollarse fuera del útero.

Hay varias maneras de que se produzcan las contracciones y se provoque el parto, pero sólo funcionarán si tu hijo está a punto para nacer; de lo contrario, sólo conseguirás frustrarte. Sé precavida al intentar cualquiera de los métodos naturales para provocar el parto, especialmente con las hierbas y la estimulación de los pezones, y no olvides consultar a tu médico antes de utilizarlos. Para que den resultado, casi todos precisan que tengas contracciones o estés en las primeras fases del parto.

El parto

✋ Caminar: si tienes contracciones pero el parto no se ha iniciado, puedes acelerar el proceso andando. Es una manera de mover las caderas de un lado a otro, lo que ayuda al bebé a adoptar la posición correcta para nacer. Y al estar de pie utilizas la gravedad para impulsar al bebé hacia la pelvis.

✋ Sexo: hacer el amor puede ser una de las últimas cosas que te apetezcan hacia el final del embarazo. Pero aunque no te lo creas, practicar el sexo es de lo mejor que puedes hacer para estimular el parto. Cuando haces el amor con tu pareja, la prostaglandina que contiene el semen puede estimular las contracciones. Una dosis doble, con un intervalo de unas horas, todavía puede darte mejores resultados.

El parto

Más formas de provocar el parto

✋ Caulófilo y cimifuga racemosa: estas plantas medicinales se usan a menudo para inducir el parto y pueden ser de gran ayuda si tienes contracciones débiles o irregulares. El caulófilo se cree que intensifica las contracciones uterinas y la cimifuga racemosa las regula. Por desgracia, no hay estudios para determinar que estos tratamientos naturales sean seguros, ni si todas las variantes de la hierba tienen la misma potencia. Antes de empezar al tratamiento debes consultar a tu médico para que determine si es una buena idea en tu caso.

✋ Estimulación de los pezones: algunas mujeres se masajean los pezones para estimular el parto. Esta acción provoca la liberación de oxitocina, hormona que provoca contracciones y puede estimular el parto. Los médicos en general no lo recomiendan, porque se ha descubierto que las contracciones que provoca son demasiado largas e intensas y provocan sufrimiento en el feto. A menos que el médico o la comadrona lo aconseje, este método no se recomienda para inducir el parto.

El parto

🖐 Aceite de castor: durante décadas las mujeres han usado el aceite de castor para estimular el parto. Puede dar buenos resultados si ya se han iniciado los trabajos. Se cree que su acción se basa en los espasmos que provoca en los intestinos, que a su vez causan calambres en el útero. Puedes tomar de 3 a 6 cl de aceite de castor mezclado con 20 cl de zumo de naranja, para que sea menos aceitoso. Algunos médicos recomiendan tomar sólo una dosis, y otros, unas cuantas; pero siempre tienes que consultarlo a tu médico. Ten en cuenta que el aceite de castor te hará vaciar los intestinos en unas tres horas.

🖐 Comida picante: algunas personas aseguran que fue una enchilada superpicante lo que las llevó a la sala de partos. Pero si tienes el estómago lleno, es más probable que sufras náuseas o vomites.

Rotura de las membranas

El médico puede ofrecerse a «desprender las membranas» para ayudarte a iniciar los trabajos del parto. Este procedimiento se percibe como una exploración vaginal, aunque en algunas madres ha sido dolorosa o les ha provocado calambres. El médico, con guantes, pasa el dedo por el cuello del útero y arranca las membranas amnióticas de la parte inferior de la cavidad uterina. Se cree que esta acción libera prostaglandinas, sustancias parecidas a las hormonas que ayudan a preparar el cuerpo para el parto. Mientras que algunos expertos creen que rasgar las membranas provoca el parto en el mismo día, la única investigación que se ha hecho fue llevada a cabo por un grupo de comadronas que rompieron las membranas de cierto número de pacientes en cada visita después de la 38ª semana de gestación. Sus descubrimientos fueron que las pacientes que se sometieron a este tratamiento tuvieron menos probabilidades de salir de cuentas; parece ser que este método no supone complicaciones ni provoca que las pacientes rompan aguas.

Inducción artificial

Si has pasado de las 42 semanas, sufres preeclampsia, una enfermedad renal o diabetes, o bien el pediatra cree que el bienestar del niño está en peligro, puede que haya que inducir el parto, lo que significa que los trabajos empezarán por medios artificiales. Si consientes en ello, no permitas que te rompan el saco amniótico antes de que hayas entrado en las labores activas del parto. Una vez que las membranas se rompen, tendrás que parir, lo cual puede ser por cesárea si la inducción no da resultado. Entre los métodos artificiales para inducir el parto están la ruptura de membranas, la inserción de un gel o supositorio en la vagina para madurar el cuello del útero, la inserción de un catéter de Foley en el cuello del útero y el uso de pitocina por vía intravenosa para que se inicien las contracciones.

Consejos para el asistente

Estos consejos son para que la persona que te acompañe en el parto esté en buenas condiciones para afrontar tu segunda etapa:

- Tienes que estar preparado: antes de la fecha prevista, debes de haber asistido con la futura madre a las clases de preparación al parto. Aprenderás muchas técnicas que te serán útiles para afrontar la llegada del gran día.

- Has de saber lo que puede ocurrir: es una buena idea visitar el hospital para familiarizarte con él. Habla con las enfermeras u otros miembros del personal sanitario para hacerte una idea de lo que sucederá el día del parto y de lo que puedes esperar.

- Ten paciencia: el proceso de los trabajos y el alumbramiento suele ser largo, por esto es importante estar dispuesto a esperar.

- Sé comprensivo: la futura madre te va a necesitar a su lado para defenderla y animarla. No te canses de confortarla y distraerla con duchas calientes o frotándole la zona lumbar.

- Lleva algunas cosas para pasar el rato: puede que tengas que estar en el hospital muchas horas, por lo que es importante que

El parto

lleves contigo las cosas que puedas necesitar, como un traje de baño (para darte duchas con la madre), comida para picar, calzado cómodo para andar arriba y abajo por los pasillos, artículos de tocador y ropa para cambiarte.

🖐 Toma decisiones: a veces deberás evaluar la situación y actuar rápidamente, basándote en la información que tienes. Por ejemplo, si la madre tiene dolores muy intensos y necesita la epidural, debes ir en busca de una enfermera o del médico para que la atiendan.

El parto

Más consejos para el asistente

Has de conocer las expectativas de la madre: tú y ella debéis hablar del día del parto. Es esencial que sepas lo que la madre quiere y espera, antes de que lleguéis al hospital. Por ejemplo, si quiere utilizar técnicas respiratorias, si desea que la comadrona desempeñe un papel esencial, si quiere que intervengas. Un plan del parto por escrito (ver página 348) contribuirá a clarificar estos puntos. Por supuesto, cuando las contracciones estén en su punto crítico, puede que olvide estas decisiones. No pasa nada. Durante el parto, la madre hará lo que crea que puede ayudarla a superar el trance, y tal vez abandone el plan inicial.

El parto

👋 Encuentra algo para distraerla: cuando los dolores de las contracciones empiecen a hacerse más intensos y más próximos, se recomienda buscar alguna distracción que no le haga pensar en lo que está ocurriendo. Algunas personas llevan cosas de su casa, como una fotografía o un osito de peluche; algo en lo que la madre pueda centrar la atención. Otras buscan las distracciones en el propio hospital, como puede ser una mancha en el techo o en la pared.

👋 Sé tolerante y comprensivo: la madre estará tan concentrada durante las contracciones que tal vez no te querrá o no te necesitará. Tal vez te parecerá que no te hace caso o se enfada contigo o con otras personas que haya en la habitación. Recuerda que no debes tomarte nada de lo que la parturienta diga como algo personal. Cuando nazca el niño, va a experimentar un cambio milagroso.

👋 Recuerda que el mero hecho de que estés a su lado significa mucho para ella. Piensa que estarás presente en cada paso de este emocionante viaje.

Consejos para sobrellevar el parto

Nadie te dirá que el parto es tarea fácil. Sin embargo, mediante unas clases de preparación al parto bien organizadas puedes aprender algunas técnicas que te ayudarán a superar el impulso final que te llevará a la maternidad. He aquí unas cuantas ideas que pueden serte útiles:

- Crea un entorno tranquilo y apacible bajando la intensidad de la luz. Lleva una almohada o cojín adicional. Si hay algo más que quieras llevar especialmente, llama al hospital para preguntar si lo permiten.
- Pide al asistente que te dé abundantes masajes, sobre todo en la zona lumbar y en la frente.
- Lleva un reproductor de CD o casete con tu música favorita.
- Date un baño o ducha caliente en la sala de partos.
- Si el calor no te funciona, prueba con compresas frías en la zona lumbar y la frente.
- No temas hacer demasiado ruido: gime y quéjate a cada contracción.

El parto

- Ten a mano unas revistas, un juego de cartas o unos crucigramas para mantener la mente ocupada.
- Lleva fotografías de la familia y colócalas en la mesilla de noche para que puedas verlas desde la cama.
- Intenta no permanecer quieta y anda arriba y abajo por el pasillo o baila con tu pareja.
- Recuerda lo que aprendiste en las clases de preparación al parto. Mantén la respiración, visualiza y mira a tu asistente para notar su compañía.
- Prueba distintas posiciones: sentada o de pie, en cuclillas, tumbada de costado, sentada con las piernas dobladas y las manos juntas sujetando las rodillas; incluso sentada en el lavabo. Encuentra la postura que te haga más llevaderas las contracciones.

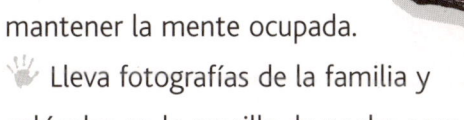

El parto

Estrategias de relajación

Estas estrategias son una gentileza de Martha Sears, enfermera diplomada, esposa del famoso pediatra William Sears y madre de sus ocho hijos.

👋 Para practicar la relajación con tu pareja, debes estar muy cómoda. Reúne unos cuantos almohadones y dile dónde quieres que te los coloque. Haz estos ejercicios en varias posiciones: de pie y apoyada en tu pareja, en una pared o en un mueble, tumbada de lado o incluso a gatas.

👋 Busca en todo el cuerpo los músculos que tengas en tensión: la frente arrugada, los puños cerrados y la boca fruncida son los más fáciles de localizar. Luego intenta sistemáticamente relajar cada grupo de músculos desde la cabeza a la punta de los pies. Tensa primero y luego relájalos para que te sea más fácil identificar el cambio de estado. Cuando tu pareja de pida «contrae», piensa: «relaja y suelta la tensión». Y siente cómo los músculos se aflojan.

👋 Practica la relajación por el tacto. Te condiciona a esperar placer en vez de dolor después de la tensión. Averigua qué

El parto

toques y qué tipo de masaje te relaja mejor. Sigue la misma progresión, de la cabeza a la punta de los pies, tal como se describe en la página anterior. Tensa cada grupo de músculos hasta que tu pareja te toque relajada y afectuosamente esa zona como consigna para que aflojes tus tensiones. De esta forma no tienes que oír constantemente la orden verbal «Relájate», que al final se hace irritante. Otra finalidad del ejercicio es ser capaz de relajar un músculo tenso cuando la pareja pone la mano sobre esa zona en concreto antes de que empiece a doler. Practica: «Me duele aquí; presiona (tocando)».

El poder de la visualización

Utiliza la visualización para que te resulte más fácil relajarte: una mente clara, llena de escenas tranquilizantes, calma el cuerpo que se halla en plenos trabajos del parto, al menos entre una contracción y la siguiente. También favorece la producción de las endorfinas, que mejoran los esfuerzos. Los psicólogos del deporte utilizan las imágenes mentales o la visualización para ayudar al rendimiento de los atletas. Sigue estos pasos para emplear la visualización relajante durante el parto.

Determina las escenas que te resulten más relajantes (las olas del mar, una cascada, los meandros de un río, caminar por la playa con tu pareja...) y practica la meditación con ellas a lo largo del día, sobre todo hacia el último mes del embarazo.

Piensa en imágenes apropiadas que puedas utilizar durante las contracciones. Cuando empieza una contracción, imagínate el útero «abrazando» a tu hijo y acariciándole su preciosa cabecita. Durante la etapa de dilatación, imagina el cuello del útero que se va abriendo y haciéndose más delgado a cada contracción.

El parto

👋 Cambia de escenas, de dolorosas a placenteras. Atrapa el dolor como si fuera un gran pegote de arcilla de modelar, haz con él una bolita, envuélvela y métela dentro de un globo de helio e imagínalo que sale de tu cuerpo y se eleva hasta perderse en el cielo.

👋 Durante las contracciones más dolorosas y en el intervalo entre una y otra, imagina el premio final en vez del dolor que tienes que pasar para conseguirlo. Imagínate que alargas los brazos cuando sale el bebé y ayudas a la persona que asiste el parto a colocar al niño sobre tu vientre y lo acunas contra tu pecho.

Limítate a respirar

Respira naturalmente entre una contracción y otra. Cuando empiece una contracción, inspira profunda y lentamente por la nariz, y luego expele el aire lentamente por la boca en una corriente larga y regular. Al espirar, deja que los músculos faciales se relajen y que los pulmones se vacíen: piensa en esta espiración como si fuera un suspiro de alivio. Cuando la contracción alcanza su punto máximo, recuerda que debes seguir respirando a un ritmo relajado.

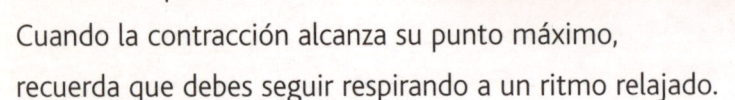

Pide a tu pareja que te diga que aminores el ritmo si empiezas a respirar demasiado deprisa como respuesta a una contracción intensa, y que él también respire contigo lenta y relajadamente. Si todavía notas que respiras demasiado deprisa, para un momento e inspira profundamente, y a continuación saca el aire en un soplo lento y prolongado, como si estuvieras

El parto

despidiendo vapor. Hazlo de forma periódica para acordarte de aminorar el ritmo de la respiración. La pareja debería observar tus esquemas respiratorios para saber cómo te encuentras. Una respiración lenta y profunda revela que estás dominando bien las contracciones. En cambio, si respiras deprisa y de forma espasmódica revelas tensión y ansiedad.

Aunque a veces lo hayas visto hacer en las películas, no jadees; jadear no es natural en los humanos porque nos cansa, disminuye el aporte de oxígeno y nos puede provocar hiperventilación, lo cual libera demasiado dióxido de carbono y te produce mareos y sensación de hormigueo en los dedos de las manos y los pies, y en la cara. Si has empezado a hiperventilarte, inspira por la nariz y saca el aire por la boca, tan lentamente como puedas, y no retengas el aire. Incluso durante el esfuerzo de empujar, la retención del aire que pone la cara amoratada, como se ve en las películas, no sólo es agotadora sino que priva que a ti y a tu hijo os llegue el oxígeno que tanto necesitáis.

El parto

Un montón de trucos

👋 Pon música en el parto. Las mujeres que escuchan música durante el parto requieren menos analgésicos para mitigar el dolor, pues la música estimula la liberación de unas hormonas que sirven de analgésicos naturales. Ponte tu música preferida, escogiendo con cuidado cada canción para que los ritmos te relajen y no te exciten; lleva un reproductor y pilas nuevas.

👋 Siéntate en una pelota terapéutica. Se trata de un balón de unos 70 centímetros de diámetro que relaja de modo natural los músculos de la pelvis cuando te sientas sobre él.

👋 Llévate cojines y cuñas de espuma. Necesitarás al menos cuatro cojines en el hospital. Las cuñas de espuma gruesas, que terminan en punta, son unos suplementos para apoyar la espalda y sentarse más cómodamente. Puedes usar una cuña más delgada como cojín entre la cama y tu vientre cuando estés tumbada de lado.

👋 Prueba a colocarte compresas calientes y frías. Las calientes mejoran el flujo sanguíneo a los tejidos, mientras que las frías alivian la sensación de dolor. Una botella de agua caliente o un guante de goma lleno de agua tibia hace muy bien las veces de

El parto

compresa para aplicártela en la parte inferior del abdomen, en la ingle o el muslo, para aliviar los músculos doloridos o relajarte. Las compresas improvisadas con bolsas de verduras congeladas cubiertas con un paño, van muy bien como compresas frías para calmar una frente caliente o anestesiar la espalda dolorida.

- Prueba una silla de trozos de poliestireno. Cuando vayas a comprar, prueba varias hasta que encuentres una que sea blanda y en la que puedas imaginar que te hundes durante los primeros trabajos del parto. (No debes poner nunca el bebé en este tipo de asiento.)

- Consulta a los expertos y prueba los trucos en casa para encontrar los que te parezca que te irán mejor.

Monitorización fetal electrónica

Esta monitorización es objeto de muchas controversias porque «medicaliza» el proceso natural del parto. Puede que encuentres una comadrona que esté completamente en contra de este método y a un médico que esté totalmente a favor; o al revés, según las circunstancias. La finalidad de la monitorización fetal electrónica es detectar complicaciones durante el parto, como hipoxia (falta de oxígeno del bebé) y acidosis metabólica, que puede causar lesiones cerebrales y/o parálisis cerebral. Aunque los índices de cesáreas han aumentado desde que se introdujo esta tecnología en la década de 1950, el número de niños nacidos muertos se ha reducido a casi ninguno y la mayoría de los médicos y enfermeras dirían que es un sistema muy preciso para conocer la evolución del niño durante el parto.

Hay dos tipos de monitorización fetal electrónica (MFE): interna y externa. La interna, por lo que me han dicho, es más dolorosa durante el parto y se usa en contados casos, cuando las lecturas en un monitor externo son irregulares. El monitor externo también puede ser doloroso, pues el vientre al

El parto

contraerse aprieta el cinturón. El monitor puede reducir el estrés de la madre preocupada por el estado del niño. Pero aquí quisiera añadir que si has tenido un embarazo saludable y el parto se presenta normal, no pienses que es imprescindible depender exclusivamente de esta tecnología y te limites a quedarte tumbada en la cama. Informa al médico o a la comadrona de que tienes la intención de levantarte y caminar por la sala, como hice yo en mi segundo parto en el hospital.

Hay varias razones de peso para confiar en una MFE: un nacimiento vaginal tras una cesárea, cualquier embarazo de alto riesgo (por diabetes, hipertensión u otras complicaciones), la imposibilidad de detectar los latidos del corazón del feto o un parto difícil. La MFE se aplica rutinariamente en los hospitales, pero en la mayoría de los casos no es imprescindible. Habla con franqueza y di si preferirías no tener que utilizarla. Los monitores limitan y, como he dicho antes, pueden ser dolorosos, aunque también pueden ser tranquilizadores y bastante convenientes en el primer parto.

El dolor del parto

¿Cómo será? ¿Podré soportarlo? Las respuestas son: «Muy doloroso» y «Sí, totalmente».

Como veterana que ya ha tenido cuatro partos naturales de variada intensidad y duración, puedo confirmarte que se puede parir sin medicamentos u otras terapias. También puedo decirte que las técnicas de respiración no me dieron ningún resultado, aunque algunas mujeres las alaban con entusiasmo. Lo que debes hacer es decidir por ti misma si no quieres que te den medicamentos mientras puedas resistirlo. Con mi primer hijo fui categórica y rechacé los medicamentos de plano, pero luego llego un momento en que me dije: «Dios mío, si esto se pone peor, me muero». Puedo recordar aquel momento como si fuera ahora. Al final supliqué que viniera un anestesista. Resultó que estaba en la fase de transición, a punto de empujar a mi cabezudo hijo, y la epidural ya no era factible. Sin embargo, hay momentos en que una mujer lleva tanto rato con los trabajos del parto que está cansada y ya no puede soportar mentalmente la tensión, o tal vez no quiere, y entonces se puede optar por los

El parto

medicamentos. Los analgésicos sistémicos, como los narcóticos o tranquilizantes, mitigan el dolor pero no lo eliminan. Se dan por vía intravenosa o se inyectan, y afectan todo el cuerpo, no sólo la región pélvica (como ocurre con la epidural). Dan sueño pero no dejan inconsciente. Este tipo de medicación puede ser útil para una mujer que está estresada, pues la relajará un poco y la ayudará a concentrarse en el empuje del bebé. También es más fácil de dar que una epidural en la columna vertebral. Sin embargo, los efectos secundarios, como una sensación de vahído, desorientación y náuseas, son relativamente comunes; si se administran al principio de los trabajos del parto, los narcóticos pueden enlentecer el proceso. Éstos también atraviesan la placenta y adormecen un poco al niño, lo cual influirá en la capacidad de mamar y unirse a la madre tras el nacimiento. En casos raros, los narcóticos pueden dificultar la respiración del bebé.

La epidural

Una epidural es un anestésico local que disminuye la sensación en la parte inferior del cuerpo mientras la persona se mantiene completamente despierta. Se administra mediante un catéter clavado junto a la membrana que rodea la columna vertebral, en la parte inferior de la espalda. Los efectos de la epidural sobre el dolor pueden durar todo el parto y te permiten descansar más y darte más energía para empujar. No afecta al bebé y si surge la necesidad de practicar una cesárea, el catéter se puede usar para administrar la anestesia. Las desventajas de la epidural son:

🖐 Tienes que adoptar una posición incómoda durante unos 10 minutos mientras insertan la epidural, y luego esperar otros 10-20 minutos para que la medicación produzca efectos.

🖐 Según el tipo de medicación que recibas, no podrás ponerte de pie y andar con la epidural.

🖐 Tanto tú como el niño necesitaréis más aparatos de monitorización.

El parto

🖐 La epidural puede provocar que las contracciones sean menos frecuentes e intensas, en cuyo caso puede que te den pitocina, otro medicamento, para que recuperes el ritmo de los trabajos. No obstante, en muchas mujeres este enlentecimiento es transitorio.

🖐 La pérdida de sensación puede hacer más dificultosa la tarea de empujar al niño. En tal caso, puedes pedir que te disminuyan la dosis durante la segunda etapa del parto.

🖐 En casos raros, puede que el alivio del dolor sea irregular.

🖐 Los temblores son una reacción común, aunque aparecen a menudo durante el parto incluso sin anestesia y disminuyen al cubrirte con una manta.

🖐 El medicamento puede bajar transitoriamente la presión sanguínea de la y disminuir el ritmo cardiaco del bebé.

🖐 En menos del 2 % de los casos, la epidural produce un terrible dolor de cabeza. En casos muy raros puede provocar lesiones nerviosas o infección.

TENS

Es la sigla en inglés de Estimulación Nerviosa Eléctrica Transcutánea, un método de estimulación eléctrica que proporciona cierto alivio del dolor durante el parto. La pequeña máquina, del tamaño de un teléfono móvil, excita los nervios sensoriales y está conectada por cables de plomo a unos electrodos situados en las partes más dolorosas del cuerpo, como por ejemplo la parte inferior de la espalda. La madre que está en pleno parto puede pulsar un botón para recibir una descarga de «cosquilleos» que le alivian el dolor leve y ajustar los controles para calmar un dolor muy intenso.

Por lo visto, la máquina TENS hace que el cuerpo libere unos analgésicos naturales llamados endorfinas y evite que los mensajes de dolor más profundo lleguen al cerebro. No es una terapia invasiva y por lo tanto no tiene efectos secundarios conocidos. Según lo que he leído (aunque no lo he probado), la TENS tiene la máxima efectividad durante los primeros trabajos del parto, pero no suele ser suficiente cuando las contracciones son mucho más intensas. De hecho, en un estudio se halló que

El parto

ocho de cada diez mujeres que usaron la TENS también requirieron de otros métodos para mitigar el dolor (terapia con drogas). Muchas mujeres que me han hablado sobre el uso de la TENS coincidían en que en realidad sería más útil para el dolor de espalda del embarazo que durante el parto. No obstante, es un tema que merece investigarse más. Si no quieres utilizar medicamentos durante el parto y estás preocupada por tu capacidad de soportar el dolor, podría serte de gran ayuda.

Motivos de un parto por cesárea

La idea de tener que someterse a cesárea suele aterrar a la madre primeriza. He aquí cuatro de las razones más comunes para practicar una cesárea, explicadas por el doctor William Sears.

🖐 La imposibilidad de seguir adelante motiva aproximadamente el 30 % de los partos con cesárea. Significa que el parto no sigue el horario normal. Por diversas razones, el cuello del útero no se abre lo suficiente y/o el niño no desciende. De todos los motivos para practicar una cesárea, éste es la que más depende de ti. Apoyo emocional y físico, andar durante los trabajos del parto, empuje vertical y el uso racional de la medicación y la tecnología pueden ayudar a proseguir el parto, pues aumentan la eficacia de las contracciones uterinas en vez de dificultarlas.

🖐 Una cesárea por segunda vez es la razón más común para efectuar un parto quirúrgico, y también está bajo tu influencia.

🖐 El peligro para el feto es la tercera situación más común que conduce al parto por cesárea. Los ritmos cardiacos fetales en el

El parto

monitor electrónico pueden sugerir que el bienestar del niño corre peligro a menos que pueda nacer rápidamente. Un ritmo cardiaco fetal superior o inferior a la media es un indicio de que el niño tal vez no reciba el oxígeno suficiente o que no se esté recuperando bien del descenso en el ritmo cardiaco, normal en las contracciones.

🖐 La desproporción cefalopélvica (Cephalopelvic Disproportion, CPD) es otra razón para optar por el parto quirúrgico. Significa que el niño es demasiado grande para pasar por el conducto pélvico. Si se adopta una posición más erguida (concretamente, en cuclillas) durante el parto y el alumbramiento, se agranda el conducto pélvico y se facilita que una madre pequeña pueda dar a luz a un bebé grande.

El parto

Una cesárea para el recuerdo

Pide al médico que te administren una anestesia espinal o epidural para que puedas estar despierta durante el nacimiento. Ten a tu compañero a tu lado en la cabecera de la mesa de operaciones. Si está dubitativo, recuérdale que el proceso quirúrgico tiene lugar tras una cortina estéril.

Pide al tocólogo que levante al niño lo suficiente para que puedas verlo inmediatamente al nacer. Es una visión preciosa ver cómo sacan al niño y lo alzan.

Inmediatamente después de que el niño nazca y sea examinado (para comprobar que su temperatura, su respiración y su ritmo cardiaco sean estables), pide que te lo den para poder sostenerlo y abrazarlo. Puede que necesites un poco de ayuda, porque estarás algo aturdida y tendrás

El parto

un brazo inmovilizado por el tubo del suero. El anestesista o la enfermera puede que se presten a hacer de fotógrafos.

🤚 Mientras te cosen el útero y el abdomen (operación que tarda unos 30 minutos), tu compañero puede acompañar al bebé a la nursería. Este período adicional de vinculación será recordado por tu pareja por su especial intensidad.

🤚 Para disminuir el dolor del postoperatorio, pide al anestesista si puede utilizar un analgésico de larga duración llamado Duramorph. Esta analgesia controlada por el propio paciente (Patient-Controlled Analgesia, PCA) se aplica de modo que puedes administrarte tu propia medicación a través del suero. Sólo tienes que abrir y cerrar la bomba según necesites más o menos analgésico. Por lo demás, esta medicación no causa ningún perjuicio al bebé durante la lactancia.

🤚 En la mayor parte de los casos pueden llevarte el niño para que lo tengas a tu lado en la cama al cabo de una hora o dos de la cirugía. El mejor «analgésico» del postoperatorio es una «inyección» del recién nacido entre tus brazos.

Posición fetal incorrecta

Esta expresión se aplica al bebé que no está cabeza abajo cuando el parto es inminente y normalmente significa que el niño está con las nalgas hacia abajo. Los bebés suelen empezar a ponerse cabeza abajo entre las semanas 28 y 32, y siguen girando sobre sí mismos, incluso durante el parto.

Algunas madres utilizan técnicas no médicas para aumentar las posibilidades de que el bebé se ponga en la posición correcta (ver página 406-407). Pero cuando ya se han probado estos métodos y el bebé continúa de nalgas, ¿qué hay que hacer? Hay mucha desinformación sobre la forma en que nacen los bebés de nalgas. Muchas personas te dirán que el único método seguro de que nazcan bien es mediante una cesárea. Pero esto es completamente falso: muchos de los problemas que antes se consideraban causados por el alumbramiento vaginal de nalgas eran provocados por un factor previo al nacimiento. Alrededor del 50 % de los bebés que vienen de nalgas hoy en día, nacen por vía vaginal (aunque esta estadística varía enormemente de

El parto

una consulta a otra). Como nos confirma Robin Elise Weiss (educadora en parto y posparto, y orgullosa madre de seis hijos), las posibilidades que existen de parir satisfactoriamente un bebé de nalgas por vía vaginal aumentan con los siguientes factores: que el bebé esté manifiestamente de nalgas (con los pies hacia arriba); que hayas parido uno o más hijos por vía vaginal antes de este parto; que no se estime que tu bebé que es demasiado grande; o que no tengas anomalías pélvicas o uterinas.

Algunos bebés que vienen de nalgas nacen mucho mejor por cesárea, pero sólo el médico puede ayudarte a determinar si el tuyo es uno de ellos. Esto no significaría que todos los niños que puedas tener en el futuro tengan que presentarse de nalgas o tener que nacer mediante cesárea.

El parto

Gira, hijo, gira...

Merece la pena intentar las siguientes técnicas no médicas para animar al pequeño a darse la vuelta para colocarse cabeza abajo:

👋 Luz o música dirigida directamente al pubis, cuya finalidad es animar al bebé a dirigirse hacia la luz o la música. (Un bonito detalle es que tu pareja hable directamente a tu pubis.) Muchas mujeres afirman que les dio resultado y además no tiene efectos secundarios. Se puede hacer tan a menudo como se quiera, hasta que el bebé se haya puesto cabeza abajo.

👋 Agua: algunas madres piensan que bucear en una piscina o simplemente sumergirse en ella anima al bebé a volverse. No

El parto

hay ningún problema en bañarse en una piscina, pero la cuestión del buceo ya es más arriesgada.

🖐 Posición inclinada: esta teoría se basa en que la cabeza del bebé, que es la parte más pesada de su cuerpo, se separará de la pelvis y el bebé se volverá cabeza abajo. Puedes hacer este ejercicio utilizando una tabla de planchar apoyada en el sofá. Pon los pies arriba y la cabeza abajo. Intenta practicar esta posición 20 minutos al día hasta que el bebé se vuelva; comenta al médico o a la comadrona que piensas realizar este ejercicio o cualquier otro.

🖐 Acupuntura: mediante la moxibustión, esta técnica hace mucho que se practica para dar la vuelta a los bebés de nalgas. La mayor dificultad puede ser encontrar a alguien que la pueda aplicar.

🖐 Quiropraxis: algunas técnicas pueden contribuir a que el niño se dé la vuelta; consulta primero con el médico o la comadrona.

🖐 Homeopatía: algunos remedios, como la pulsatilla, se han utilizado durante siglos con la finalidad de dar la vuelta al bebé que viene de nalgas. No obstante, es imprescindible consultar con un médico entendido.

El peso y el azúcar en la sangre

Si el peso corporal o un alto índice de azúcar en la sangre te predispone a gestar un bebé grande, puedes tomar medidas para minimizar las posibilidades de que sufra algún daño por un parto instrumental o una cesárea. Entre dichas medidas se encuentran: evitar totalmente la epidural; retrasarla hasta que la dilatación sea de cinco centímetros; dejar que pasen los efectos si empujando el bebé no se mueve; no tener límites de tiempo preestablecidos para empujar; y empujar en una posición erguida. Si al nacer los hombros del niño se encallan, casi con toda seguridad conseguirás liberarlos sin problema poniéndote a gatas.

Para prevenir un índice bajo de azúcar en el niño, éste debería tomar el pecho inmediatamente después del parto, al menos 10 minutos en cada mama, sobre todo si el bebé es grande, pequeño o si el parto ha sido difícil. Las mujeres obesas tienen mayores probabilidades de tener niños con exceso de peso; cuanto más tiempo dure la lactancia exclusiva, menos probabilidades tendrá tu hijo de sufrir obesidad a temprana edad.

El parto

La coronación

Cuando la cabeza del niño aparece por la abertura de la vagina, se dice que el bebé está «coronando». La comadrona o el médico puede que te pregunten si quieres ver la coronilla del bebé en un espejo al hacer su primera aparición (personalmente, siempre les pido que se olviden del espejo y vayan a por el niño). La coronación es la etapa más dolorosa del parto, pero también proporciona el mayor alivio mental, porque puedes ver que casi estás terminando. Los masajes diarios en los tejidos perineales que rodean la abertura vaginal, durante las últimas seis semanas de gestación, pueden ayudar a reducir parte del dolor de la coronación y a evitar la necesidad de una desagradable episiotomía para agrandar la abertura de salida; una incisión en la piel que media entre la vagina y el ano (ver páginas 412-413).

Los fórceps y la extracción por succión

Si la cabeza del bebé se vuelve hacia atrás en el canal del parto, se puede usar los fórceps o un extractor para ayudar a guiar su salida. Los fórceps son como dos largas cucharas que el médico usa para facilitar que la cabeza del niño salga del canal del parto. Para la extracción por succión se utiliza una especie copa de plástico blando, parecida a un cornete de helado, que se aplica a la cabeza del niño y la atrae por succión; en la copa hay un asa que permite al médico trabajar a través del canal del parto.

La elección entre los fórceps o el extractor por succión suele depender del médico. Estos métodos a veces se utilizan cuando existen indicios de sufrimiento en el feto, cuando la segunda etapa de los trabajos del parto se prolonga demasiado, si el parto es difícil debido a la posición del bebé, o bien cuando la madre está demasiado cansada para empujar.

Hay estudios que demuestran que facilitar el parto de esta forma no pone en mayor peligro que la cesárea a la madre o al # El parto

bebé. Cuando se aplican correctamente, los fórceps o el extractor por succión raramente producen daños permanentes en el recién nacido. Las marcas causadas por los fórceps en las mejillas del niño normalmente desaparecen al cabo de unos días, aunque ocasionalmente puede que los nervios faciales del niño queden dañados temporalmente. El descenso resultante de los músculos faciales casi siempre se recupera totalmente en cuestión de unas semanas.

El *caput succedaneum* es una tumefacción difusa del cuero cabelludo debido a la presión del cuello del útero sobre la cabeza del feto durante un parto prolongado; un parto por succión puede dejar un *caput* más perceptible, aunque normalmente desaparece al cabo de dos o tres días.

El corte

Una episiotomía es una incisión hecha en el perineo, la piel que media entre la vagina y el ano, para evitar un excesivo desgarramiento cuando el bebé pase por la abertura. La episiotomía se mide en grados; la más común es la de segundo grado, que llega a mitad de camino entre la vagina y el ano, y la menos habitual es la de cuarto grado, que se extiende hasta el recto. La media es la más común. Expertos en obstetricia y ginecología afirman que la episiotomía no siempre es necesaria y no debería tomarse como una rutina. No obstante, el índice de episiotomías es bastante elevado.

Se dice que la episiotomía proporciona los siguientes beneficios: acelera el nacimiento, previene el desgarramiento, protege contra la incontinencia y la relajación de la base de la pelvis y se cura más fácilmente que los desgarros. Todas estas razones parecen muy válidas, pero de hecho las investigaciones médicas no han demostrado ninguno de estos beneficios, y en muchos casos lo cierto es exactamente lo contrario. Los siguientes efectos secundarios se han presentado como

# El parto

consecuencia de una episiotomía: infección, mayor dolor, aumento de las laceraciones vaginales de tercero y cuarto grado, curación más lenta y mayor incomodidad cuando se vuelve a practicar el acto sexual.

Hay muchas cosas que puedes hacer para disminuir las probabilidades de que te efectúen esta incisión quirúrgica. Entre las medidas preventivas están: una buena nutrición (la piel sana tiene mayor elasticidad); Kegels (ejercicio para los músculos de la base de la pelvis, ver página 92); hablar de la episiotomía con el médico antes del parto; efectuar masajes perineales prenatales; una segunda etapa más lenta (empuje controlado); así como compresas calientes, masaje perineal y apoyo durante el parto. Como veterana de una episiotomía muy dolorosa e innecesaria, puedo dar fe de las complicaciones y del dolor prolongado. Conviene que sepas tus derechos y hables de lo que te preocupa antes de entrar en la sala de partos.

El dolor posparto

Después de la llegada del bebé, te vas a sentir como si estuvieras en medio de un huracán. Miles de ideas te rondarán por la cabeza, y sin embargo el cuerpo te pedirá que no te muevas. A continuación te propongo unas cuantas soluciones para superar las molestias más habituales que se producen después del parto. En cuanto a tus ganas de hacerlo todo, cálmate, relájate, abraza a tu nuevo hijo y deja que los demás te echen una mano.

✋ Tendrás una emisión de sangre, llamada lochia, que se produce cuando se desprende el revestimiento del útero. Esta hemorragia, inicialmente de color rojo intenso, se vuelve gradualmente rosa o marrón y finalmente amarilla o blanca antes de cortarse. Al principio es abundante y a medida que pasan los días se va volviendo más ligera.

✋ Esta hemorragia se producirá tanto si has tenido un alumbramiento vaginal como una cesárea, aunque en este último caso no será tan abundante. Debería haber terminado completamente cuando acudas a la revisión de la sexta semana del posparto.

El parto

🖐 La hemorragia no debería inquietarte en absoluto, a menos que de repente se vuelva abundante de nuevo o empieces a expeler coágulos de sangre de un diámetro superior a 3 centímetros. En tales casos, debes llamar al médico o la comadrona inmediatamente.

🖐 Puede que sientas algunos dolores entre la vagina y el recto. Son provocados por el estiramiento, el desgarramiento o el corte de la zona que ha permitido el alumbramiento de tu hijo.

🖐 Si te hicieron una episiotomía, la zona donde se realizó la incisión puede doler mucho, pero se curará muy rápidamente. Para aliviarte las molestias, puedes darte un baño de asiento que te cubra la parte inferior del cuerpo y las caderas.

🖐 Las contracciones del útero, que pueden persistir hasta varios días después del nacimiento, son un indicio de que este órgano se está reduciendo para alcanzar el tamaño que tenía antes del embarazo. También puedes conseguir alivio aplicándote compresas calientes en el abdomen o echándote un rato sobre una almohadilla eléctrica templada (no muy caliente).

El test de Apgar

Desarrollado por Virginia Apgar en 1952, el test que lleva su nombre es el primer examen al que se someterá a tu hijo inmediatamente después del parto, al cabo de un minuto y de nuevo a los cinco minutos. Se hace para evaluar rápidamente la condición física del recién nacido y decidir si necesita cuidados de emergencia. Si las primeras dos puntuaciones son bajas, se volverá a efectuar al cabo de 10 minutos. Hay cinco factores que se suelen utilizar para determinar el estado del niño y cada factor se puntúa en una escala de 0 a 2: frecuencia cardiaca (pulso); respiración (ritmo y esfuerzo); actividad y tono muscular; respuesta tipo mueca (llamada en términos médicos «reflejo de irritabilidad»); y aspecto (coloración de la piel). Estos cinco factores se suman para calcular el índice de Apgar.

El parto

Aunque la puntuación máxima posible es un 10, los niños casi nunca la alcanzan, porque las manos y los pies de los recién nacidos suelen estar todavía ligeramente azulados a los cinco minutos del parto. Un bebé debería tener una coloración normal por todo el cuerpo para obtener la máxima puntuación de 2 por el aspecto. Un bebé que puntúe 7 o más al minuto del parto generalmente se considera que goza de buena salud, aunque una puntuación baja no necesariamente significa que el niño esté enfermo o sea anormal. Una puntuación de 4-6 al minuto del parto puede indicar que el niño necesita cuidados especiales inmediatos, como oxígeno para ayudarlo a respirar o una succión en sus vías respiratorias. Un recién nacido con un índice de Apgar de 4, generalmente necesita cuidados médicos extremos y medidas de emergencia, como respiración asistida y observación en una unidad neonatal de cuidados intensivos (UCI neonatal). La mayoría de los recién nacidos con un índice de Apgar inferior a 7 no tienen ningún problema de salud. Por lo tanto, no te inquietes: cuando vaya a la universidad ya tendrás tiempo de preocuparte por las puntuaciones de sus exámenes.

Lactancia

Puesto que la leche para alimentar al bebé empieza a fluir hacia las mamas, puedes notarlas doloridas. Para aliviar este dolor, puedes estimularlas de modo que puedan empezar a producir leche en la cantidad necesaria. La mejor manera de hacerlo es animando al pequeño a tomar el pecho a menudo. Cuanto mayor sea la frecuencia y la duración de las tomas, más pronto se estabilizará tu producción de leche.

Si te notas los pechos muy llenos y doloridos (ver página 455) pero el niño no quiere volver a mamar, puede que tengas que aplicarte compresas frías y exprimirte pequeñas cantidades de leche a menudo.

Si no das el pecho, también puede ser que notes las molestias de la acumulación de la leche. Para mitigar el dolor, usa un sostén que aguante bien el pecho y ponte una compresa helada para anestesiar la zona y contribuir a secar el flujo de leche.

Evita frotarte los pezones o duchártelos con agua caliente, pues ambas acciones estimulan las mamas.

El parto

👋 Cuando estés amamantando al niño, tal vez te sorprenderá lo hambrienta que te sientes. Es esencial proporcionarse una buena nutrición para esta importante tarea; el hambre es el estímulo para que recibas la nutrición necesaria. La cantidad de nutrientes que des al bebé depende de la calidad de la comida que ingieras. Puesto que la lactancia exige más al cuerpo que el embarazo, necesitas comer 500 calorías extras cada día.

👋 Hagas lo que hagas, no intentes seguir una dieta en este momento. Sé buena contigo misma y come alimentos que te proporcionen la energía que necesitas. Evita la comida basura o los alimentos sin calorías y bebe mucha agua.

Otras cuestiones del posparto

👋 Si te han hecho una cesárea, te habrán dicho que vayas con cuidado al hacer cualquier actividad. Toma precauciones si tienes que levantar objetos y llevar cosas pesadas. Evita cualquier actividad que pueda forzar los músculos abdominales. Y cuida la herida; ya te habrán explicado cómo hacerlo.

👋 Durante este período puedes padecer incontinencia durante un breve tiempo. Si esto te ocurre, vacía la vejiga a menudo y realiza ejercicios Kegel. A medida que los músculos de la vejiga se contraigan y fortalezcan, la incontinencia desaparecerá.

👋 También puedes experimentar incómodas evacuaciones intestinales y hemorroides y notar que tras el parto el tránsito de los alimentos por el intestino es más lento, lo que puede hacerte sentir abotargada o estreñida. Un cambio de alimentación, tomar medicamentos contra el dolor y pasar más tiempo en la cama son otros factores que pueden acentuar estos síntomas.

👋 Cuando efectúes una evacuación, es importante que no aprietes. Puede serte útil beber muchos líquidos, añadir salvado

El parto

y ciruelas pasas a tu dieta y tomar ablandadores de las deposiciones, según las recomendaciones del médico.

🖐 El ejercicio es importante para sentirte bien después del parto. Puedes empezar haciendo ejercicios muy ligeros, como estiramientos musculares, ejercicios Kegel (ver página 92) y andar arriba y abajo, mientras todavía estés en el hospital. No obstante, consulta a tu médico antes de empezar cualquier programa de ejercicios en el posparto.

A mí me ha funcionado...

El bebé

Recuerdo vívidamente que miraba a mi hijo recién nacido a la mañana siguiente de haber dado a luz y le decía: «Hola, soy tu... mamá.» Y la palabra «mamá» sonaba muy extraña. Yo era la madre de alguien. Pero pensé: «Espera. ¿Quién ha dicho que fuera una buena idea? No puedo ser mamá». Pero lo era, y fue el mejor trabajo que nunca me dieron.

Si alguien me hubiera dicho qué hacer con aquella cosa rechoncha, o cómo aliviar mis pechos que de repente se habían convertido en dos enormes, duros y ardientes melones. No hay duda de que mi marido estaba impresionado, pero mi hijo debía pensar que estaba loca cuando intentaba metérselos en la boca. De pronto tuve ganas de llorar, y lo hice, muchas veces. Pero a base de equivocarme mucho y de intentarlo, conseguí darle el pecho, mantener el muñón del

El bebé

cordón umbilical limpio (que un día se desprendió, por fin) y cuidar de mi bebé.

Mientras estoy escribiendo estas líneas, mi primer hijo ya tiene 11 años. Imagínate: yo no era capaz ni de mantener un pececito dorado con vida durante una semana y he conseguido mantener un ser humano con vida y desarrollándose durante 11 años… y espero que sea por muchos más.

El bebé

Buenos hábitos alimenticios

Después del nacimiento necesitarás la misma alimentación sana que durante el embarazo, y un poco más; así que procura mantener buenos hábitos y tomar los tentempiés que te ofrezca la persona que te cuide. Puesto que muchas familias viven alejadas de los familiares más cercanos, algunos padres recientes contratan una doula para el posparto, cuyo trabajo es «hacer de madre» a la madre y cuidar de la familia. Pero si los amigos te ofrecen su ayudar, no rechaces su oferta.

El bebé

Descansa todo lo que necesites

Tú y tu hijo pequeño necesitáis paz y tranquilidad, así que limita las visitas a los amigos y familiares con quien te sientas a gusto y con quienes tengas la confianza suficiente para pedirles que te ayuden con la cocina y la limpieza. Intenta programarte mucho descanso durante los primeros días o, si has tenido una cesárea, durante más tiempo. Sobre todo, no te sientas culpable por tomarte las cosas con calma durante las primeras semanas, ni pienses que debes ponerte a hacerlo todo enseguida que llegues a casa. Necesitas recuperarte de los duros trabajos y de los cambios físicos del parto, y la gente ya sabe que no puedes ponerte a trabajar enseguida. Conviene que duermas cuando lo haga el bebé. Es esencial que descanses todo lo que puedas: tardaste nueve meses en hacer crecer al bebé y ahora debes dar tiempo al cuerpo para que se adapte a su estado normal. Tu cama es el lugar ideal para abrazar al bebé. Un capazo puede ser un sitio un tanto solitario, y el recién nacido necesita la cercanía de la madre y el padre. También tú disfrutarás de esta proximidad.

El bebé

¿Te preocupa el cambio?

La continua responsabilidad por un niño pequeño puede ser una experiencia abrumadora para el padre y la madre. Su máxima expresión es el importante cambio que se produce en las relaciones: la pareja se ha convertido de repente en un trío, y tú estás volcada de lleno en la relación con el bebé, aunque intentes mantener tu relación de antes con la pareja.

El nacimiento también supone cambios importantes para el nuevo padre. Desde el primer llanto del bebé, es normal que le preocupe saber si podrá satisfacer las necesidades económicas de la familia. Debes intentar afrontar los problemas de uno en uno y no preocuparte por lo que sucederá en un futuro lejano: tu situación puede haber cambiado por entonces. De momento, intenta concentrarte en el presente.

El bebé

Expectativas poco realistas

Tu idea de lo que es una «buena madre» tal vez se ha ido volviendo tan poco realista a base de leer artículos de revistas y libros, que te agotes a ti misma intentando alcanzar un nivel de eficiencia imposible. Si éste es tu caso, puede que toleres mal los muchos problemas sin importancia que surgen naturalmente durante los primeros cuidados del bebé. Tu pareja también puede que espere que enseguida vas a ocuparte de todo, igual como hacías antes. Cuando esto no sucede, puede que te sientas culpable y el padre adopte una actitud crítica y poco comprensiva. Lo que tienes que hacer es calmarte y limitarte a hacer las cosas que se presenten día tras día. Dicen que la perfección se consigue con la práctica; a decir verdad, en el ámbito de la maternidad adquirirás mucha práctica, pero nunca serás perfecta. Lo que sí conseguirás es estar mucho más relajada y ser menos exigente contigo misma. No hagas caso a las «reglas de oro» en relación con las tareas del hogar y otras labores, y afronta los trabajos de cada día sin pensar en los siguientes. No te preocupes si la ropa todavía está en la secadora; ya está limpia, ¿no? ¿Qué más puedes pedir?

El bebé

Pérdidas necesarias

El placer de convertirse en padres viene acompañado de algunas «pérdidas necesarias»: pérdida de tu relación exclusiva con tu pareja, pérdida de muchas de las actividades en que participabais los dos juntos, pérdida del contacto diario con los compañeros de trabajo, y también pérdida de ingresos. En este momento tan precario hay muchas medidas que puedes tomar para que no te sientas tan angustiada. Pero, por encima de todo, date permiso a ti misma para descansar, tomar un respiro y hacer salidas cortas pero placenteras.

El bebé

Ayuda en el posparto

En tu papel de nueva madre necesitas ayuda con las tareas del hogar y la preparación de las comidas durante al menos tres o cuatro semanas después del nacimiento, para que puedas establecer una interacción gratificante con el bebé y sus comidas regulares. Hoy en día, muchos padres se lo combinan para tener una o dos semanas de vacaciones después del nacimiento del niño, y una madre, una suegra o una amiga puede echar una mano durante unos días. Si bien este apoyo de corta duración no debe subestimarse, tampoco va a proporcionarte el tiempo suficiente para llegar a conocer a tu nuevo hijo. Éste es el motivo por el que muchos padres consideran la posibilidad de recurrir a otras fuentes de ayuda. Contratar los servicios de una chica joven o una mujer mayor para que te eche una mano, de tres a cinco días por semana, puede tener un efecto muy positivo en tu vida y en la del bebé.

El bebé

Asimila el nacimiento

Hablar de su experiencia es conveniente para todas las mujeres que han dado a luz. Si tienes buenas sensaciones acerca del parto y el alumbramiento, hablar de ello aumentará tu sensación de triunfo. Pero si tienes sensaciones negativas (por ejemplo, porque sentiste que perdías el control o tuviste una serie de intervenciones no deseadas), hablar de ellas también te ayudará a superar cualquier desilusión o tristeza que puedas sentir. De este modo empezarás a asimilar todas las críticas que tienes sobre tu actuación y a darte cuenta de la gran hazaña que has realizado con el nacimiento de tu hijo. Lo mejor sería que hablases con personas entendidas, como una enfermera o una doula que te acompañaron en el parto y que tuvieran la formación adecuada para ser buenas oyentes. Si no es posible, podrías escribir tu experiencia. El mejor momento para asimilar el nacimiento es después de haber tenido la oportunidad de descansar y reflexionar sobre lo que ha ocurrido: de dos a seis semanas después de tu salida del hospital.

El bebé

Papá hace de intermediario

El nuevo padre se dará cuenta de que si la madre puede dormir cuando el niño duerme y no se cansa demasiado, es probable que el período del posparto transcurra de modo relativamente apacible. Un papel especialmente importante para el nuevo padre en este momento es hacer las veces de vínculo con el mundo exterior, atendiendo el teléfono y no permitir la visita de demasiada gente. Actuando de esta forma como intermediario, el padre estará tranquilo confiando en que la madre podrá descansar al máximo.

El bebé

Líneas abiertas para la comunicación

Para que las parejas puedan sobrellevar bien la fatiga, cada miembro debe hacer un esfuerzo importante por ser comprensivo, colaborador y comunicativo. Es difícil de imaginar lo cansada que te sientes cuando las necesidades del niño no siguen un horario normal de día y noche. Puede ser práctico hacer turnos durante la noche, pero es igualmente importante para los dos que expreséis vuestros sentimientos. Muchas madres, especialmente las primerizas, asumen el complejo de mártir y piensan que tienen que hacerlo todo. Aunque el padre deba levantarse temprano a la mañana siguiente, no deberías sentirte mal porque te ayude con el bebé o porque «tú le pidas que te ayude», aunque sea noche tras noche. Tú también te levantarás temprano y no te pondrás a mirar las musarañas, así que debes desterrar esa idea de culpa.

El bebé

Estrechando las relaciones con el bebé

Si tienes suficiente tiempo para llegar a conocer a tu hijo pequeño durante las primeras semanas, te sentirás mucho más segura como madre. Por lo tanto, aprovecha para mantenerte al lado de él, para sostenerlo en brazos, calmarlo y amarle. De esta forma verás cómo el fuerte vínculo que creas con tu hijo te ayudará a superar las muchas otras adaptaciones que sabes que tendrás que hacer.

¿Tristeza o depresión posparto?

Es importante distinguir entre la tristeza posparto y la depresión propiamente dicha.

👋 La tristeza posparto se caracteriza por un breve período de emociones volátiles, que se produce normalmente entre los días segundo y quinto del posparto y que afecta al 80-90 % de las madres primerizas.

👋 La depresión posparto (DPP) suele iniciarse a las cuatro u ocho semanas (pero también más tarde en el primer año) y puede persistir durante más de un año. La DPP afecta al 10-16 % de las madres primerizas. Entre sus síntomas se encuentran irritabilidad, llantos frecuentes, sentimientos de indefensión, pérdida de energía y desmotivación, trastornos del apetito y del sueño, pérdida de interés por el sexo, así como la sensación de ser incapaz de superar las nuevas exigencias. La ansiedad a menudo se traduce en una pérdida de afecto hacia el bebé y, a su vez, en el sentimiento de responsabilidad y culpabilidad. La DPP también puede tener consecuencias graves para el niño. Varios estudios

El bebé

demuestran que existe una relación entre la depresión de la madre y posteriores problemas de desarrollo en el niño, como trastornos de la conducta, mala salud, apegos, inseguridad y depresión.

Las posibilidades de recuperación de las madres que sufren DPP son buenas si la depresión se diagnostica temprano y se empieza el tratamiento enseguida. Cuando el diagnóstico o el tratamiento se retrasan, puede durar más tiempo. A menudo no es necesario más que una psicoterapia a corto plazo. Pero lo mejor es prevenir la DPP de entrada, y en la prevención el apoyo de la gente es un factor de vital importancia. He aquí algunos consejos: recorre a la asistencia para el posparto, busca apoyo en la lactancia, responde al llanto de tu bebé, reserva un tiempo para estar los dos a solas y relájate.

El bebé

La circuncisión

La circuncisión es una cirugía menor destinada a extraer el prepucio del pene. El prepucio es un pliegue de la piel que cubre la punta del pene al nacer. Decidirse por la circuncisión del niño suele depender de factores culturales, religiosos y personales, y por la valoración que realizan los padres de los riesgos y beneficios que conlleva desde el punto de vista médico.

👋 Generalmente, el niño no recibe alimento a partir de una hora antes de la circuncisión. Esta medida es para prevenir el vómito, ya que el niño permanece tendido boca arriba durante la intervención.

👋 La intervención suele durar unos 3-5 minutos. En las circuncisiones médicas (no rituales), se asegura al bebé sobre una tabla de plástico moldeada mediante unas tiras de velcro para que no pueda moverse mucho. El pene se lava con una solución antiséptica. En cuanto a la cirugía, la circuncisión supone la creación de un fino anillo de tejido prensado en la base del prepucio donde se hace la incisión. El tejido se prensa para evitar

El bebé

la hemorragia. Hay diferentes tipos de instrumentos para proteger la punta del pene durante la intervención. Casi todos los médicos tienen una técnica concreta que practican habitualmente y que dominan mejor.

🖐 En ciertos momentos, parece que la circuncisión es dolorosa para el recién nacido. En algunos estudios se han observado sus reacciones de dolor (por ejemplo, aceleración del ritmo cardiaco o llanto) y se ha llegado a la conclusión de que esta intervención le provoca estrés. Por ello se han desarrollado numerosas técnicas para proporcionar anestesia para la circuncisión.

🖐 El dolor postoperatorio se puede controlar con acetaminofén infantil (Tylenol), abrazando al niño y dejándolo mamar. Algunos niños parecen adormilados o «ausentes» durante el día después de la intervención.

Cuidado posterior del bebé

Al término de una circuncisión, el médico probablemente envolverá el extremo del pene con una gasa empapada en vaselina para prevenir que alguna costra se pegue al pañal. Cuando cambies los pañales al bebé debes utilizar cada vez un trozo nuevo de gasa con vaselina o unas gotas de vaselina. La punta del pene estará enrojecida e hinchada durante unos cuantos días o tal vez incluso una semana, y puede aparecer un borde blanco o amarillo en el lugar donde se cortó el prepucio. Esta costra se llama escara y es parte del proceso de curación. La escara se desprenderá cuando la herida esté madura; no hace falta arrancarla. Hasta la curación completa, al cabo de una o dos semanas, la punta del pene se puede bañar con agua pura, dejar que se escurra y luego secarlo con un paño con ligeros toquecitos. Cuando veas que está curado, puedes seguir usando de forma discontinua la vaselina, y en cuanto el cordón umbilical haya caído, ya puedes empezar a bañar al bebé en la bañera.

El bebé

Presentar al hermano mayor

Cuando el recién nacido es llevado a casa por primera vez, podemos seguir algunas recomendaciones, como que el niño mayor esté fuera de excursión. Al cabo de una hora, cuando el bebé y las maletas estén en su sitio y la madre esté finalmente descansando en la cama, habrá llegado la hora de que entre el hermano mayor. La madre puede entonces abrazarlo y hablarle con atención. Como los niños aprecian las recompensas concretas, sería bueno que llevase a casa un regalo para el hermanito. Es mejor no agobiar al hermano mayor preguntándole a cada momento si le gusta su nuevo hermanito.

El bebé

El cordón umbilical

Cuando todavía está en el vientre de la madre, el niño se alimenta a través de los vasos sanguíneos del cordón umbilical. Inmediatamente después del nacimiento, el médico coloca una abrazadera de plástico en el cordón y lo corta cerca del cuerpo del bebé. El muñón umbilical que queda se seca como una pasa y finalmente cae, cosa que sucede a las dos o tres semanas del parto, aunque también puede tardar más.

👋 Si el cordón no se ha desprendido al cabo de un mes del nacimiento, debes comentarlo al pediatra, aunque la mayoría de los médicos y enfermeras no se preocupan por ello hasta que no pasan seis semanas o más y todavía no ha caído.

👋 Para ayudar al cordón a secarse antes, dobla la cintura del pañal del bebé de forma que el

El bebé

cordón quede expuesto al aire. Para mantenerlo seco, dale sólo baños con esponja, en vez de los baños normales, usando un paño suave para lavar la cabeza, el cuerpo, los brazos y las piernas. Es mejor que le des sólo baños con esponja hasta que el cordón haya caído y el ombligo haya hecho costra, lo cual ocurre normalmente entre las dos y las seis semanas.

Si cae un poco de agua sobre el cordón durante el baño con esponja, sécalo a continuación con un paño suave. Muchos padres usan una torunda de algodón empapada en alcohol de friegas para limpiar suavemente alrededor de la base del cordón. También puedes utilizar torundas de algodón individuales prehumedecidas. El alcohol mantiene la zona limpia y contribuye a que el cordón se seque.

Para lavar mejor la zona circundante, puedes sujetar el cordón con una mano y moverlo suavemente de izquierda a derecha y de arriba abajo. El cordón no tiene terminaciones nerviosas, por lo que el niño no puede sentir dolor. Pero si frotases demasiado vigorosamente en la piel alrededor del cordón, podría irritarse.

El bebé

Cuando el cordón se desprende

🖐 Después de caer el cordón, deja una herida que tarda unos cuantos días (a veces semanas) en curarse. Esta mancha sólo debe mantenerse limpia y seca para que no se infecte. Entonces hará costra hasta que esté completamente curada. No necesita vendarse, de forma que pueda secarse más rápidamente.

🖐 Una vez se desprende, ya se puede bañar al niño con normalidad. Sólo hay que tener la precaución de secar bien el muñón del cordón posteriormente con una punta de toalla (o con una torunda de algodón) hasta que esté bien curado.

🖐 Puede producirse una pequeña hemorragia o supuración de líquido claro unos cuantos días después de la caída del cordón y hasta que la curación sea completa (o si el vestido arranca la costra). Si sale más sangre o si persiste la supuración durante más de unas pocas horas, informa de ello al médico.

🖐 Hasta que no se cure, sigue manteniendo el pañal por debajo del nivel del ombligo para que permanezca seco. Si el ombligo presenta una secreción húmeda, límpialo cada día con un trozo de algodón humedecido en alcohol.

El bebé

👋 Si la piel de alrededor del ombligo enrojece o se vuelve sensible, o la secreción desprende olor, puede ser un síntoma de infección, por lo que debes acudir al médico enseguida. Pero es normal percibir un poco de olor cuando el cordón se desprende, en especial cuando se vuelve blando.

👋 Si la curación es lenta y el ombligo sigue húmedo, la herida puede volverse grumosa y mostrar un «tejido de granulación». No hay motivo para preocuparse; el médico puede aplicarle nitrato de plata para acelerar la curación y hacer desaparecer las grumosidades. En raros casos se puede percibir un fluido amarillento o incluso un poco de evacuación que se filtra; se puede tratar, pero tienes que informar de ello al médico.

Conductos lacrimales obstruidos

Normalmente, las lágrimas brotan del ojo a través de unos pequeños tubos llamados conductos lacrimales, que se extienden desde el ojo a la nariz. Cuando estos conductos se obstruyen, las lágrimas del niño resbalan por la mejilla o se amontonan y se secan, dejando acumulaciones de secreción amarillenta o exudado en el ojo.

🖐 Esta dolencia es muy común entre los recién nacidos y los niños pequeños. Aunque puede ser molesta, casi nunca representa un grave problema. Pero la acumulación de secreciones hace al niño más propenso a sufrir infecciones oculares, por lo que hasta que los conductos se abran, no te olvides de lavarle los ojos muy suavemente con un trozo de algodón humedecido en agua hervida y fría. A veces una compresa caliente ayuda a desprender las secreciones y las hace más fáciles de eliminar. Pide al médico o a la comadrona que te expliquen la mejor manera de lavar los ojos al niño.

El bebé

👋 Los conductos lacrimales obstruidos generalmente se abren espontáneamente en las primeras semanas o meses de vida. A veces masajearlos favorece que se abran más pronto, por lo que debes preguntar al médico o a la comadrona si hacer estos masajes le irá bien al niño.

👋 A veces es conveniente efectuar una pequeña intervención quirúrgica para abrir los conductos. El médico dirá si es oportuno considerar este tipo de tratamiento.

👋 Si la cantidad de secreción aumenta o la parte blanca de los párpados se vuelve roja o se hincha, el niño puede haber desarrollado una infección, aunque no tenga fiebre. Si el niño muestra estos síntomas, debería pasar un examen médico por si fuera necesario recetarle antibióticos.

El bebé

Aftas

Las aftas son una infección por levaduras (Candida) en la boca que se ve con mucha frecuencia en niños que por lo demás están sanos. Son similares a unas pequeñas manchas de un exudado lechoso o caseoso, que aparecen en el interior de las mejillas, las encías, el paladar y la lengua. Sabes que no es leche porque no se marcha con enjuagues y si intentas rascarlas sangran un poco.

👋 La mayoría de los bebés no tienen molestias si las aftas son leves, pero algunos sufren dolores que les ponen nerviosos y les impiden succionar y tragar normalmente. Las aftas se pueden diagnosticar casi siempre con sólo observar la erupción.

👋 Los casos leves pueden curarse sin tratamiento, pero otros necesitan un medicamento que se puede comprar sin receta o la prescripción de un líquido llamado nistatina. A diferencia de muchos otros medicamentos, el niño no debe tragárselo enseguida porque debe estar en contacto con la erupción para destruir la levadura. Por lo tanto, debes aplicarlo en la parte

El bebé

delantera de la boca y no darle nada de beber o comer durante una media hora, por lo menos. Puede resultarte más fácil alcanzar la parte afectada de la boca con el dedo para «pintar» la medicina directamente en las aftas.

🖐 Las aftas también pueden aparecer en la piel de la zona de los pañales; en este caso, habrá que aplicar crema de nistatina o pomada en la zona afectada.

Prevenir las reinfecciones

Es importante prevenir que las aftas se reinfecten eliminando las levaduras de todas las superficies que entren en contacto con la boca del niño. Ello supone tratar las infecciones cutáneas por Candida en el pecho, si el niño toma el pecho; lavar los biberones, las tetinas y los chupetes con agua caliente jabonosa y después hervirlos para eliminar la levadura. Si las aftas persisten, piensa en comprar biberones y chupetes nuevos. Si tienes dolores agudos y punzadas en las mamas o si los pezones enrojecen y se ponen brillantes, es muy importante aplicar un tratamiento contra las aftas tanto a los pezones como a la boca de tu hijo, aunque no haya ningún signo evidente de infección.

Granitos en la cara

El acné en los niños pequeños se cree que aparece en parte a causa de la exposición a las hormonas de la madre durante el embarazo. Por desgracia, la afección suele durar varios meses y no hay nada que hacer para tratarla. Emplea simplemente agua para lavar la piel del niño y no le apliques ninguna loción o aceite para bebés, porque pueden agravar el acné. Y tampoco revientes los granitos, pues sólo conseguirías empeorar el problema.

El bebé

Chupetes

Un bebé que tiene períodos de irritabilidad puede ser apaciguado totalmente con un chupete. El doctor Benjamin Spock afirma: «No sabemos si esto es cierto porque la acción de chupar calma algún malestar impreciso o porque simplemente mantiene al bebé ocupado con un reflejo chupador profundamente arraigado».

Los chupetes son útiles para los niños pequeños que se tragan un biberón tras otro de fórmula láctea, a veces incluso 120 cl al día. Muchas veces, lo que estos niños necesitan en realidad es más tiempo de succión, así que un chupete puede darles lo que quieren sin las calorías que no necesitan.

El chupete, cuando se usa correctamente, también puede evitar que el niño se chupe el dedo. La mayoría de los bebés que utilizan el chupete sin restricciones durante los primeros meses de vida nunca se dedican a chuparse el dedo, aunque ya no quieran el chupete a los tres o cuatro meses.

El mejor momento para ofrecer un chupete al niño es cuando éste busca con la boca intentando chupar cualquier cosa

El bebé

que tenga a mano. La idea es darle el chupete todo el tiempo que quiera durante los tres primeros meses, de forma que se quede satisfecho y sea capaz de renunciar a él más adelante.

Hay dos problemas que pueden obstaculizar el uso eficiente del chupete. En algunos casos, los padres se resisten a emplearlo o lo intentan tan tarde que el niño ya no se adapta a él. En otros casos, pueden haber desarrollado en el niño una dependencia del chupete, por ejemplo dándoselo para calmarlo cuando gimotea, que ya no pueden evitar tener que ponérselo en los labios numerosas veces al día, incluso cuando el pequeño ya estaría dispuesto a dejarlo, lo cual normalmente sucede de los dos a los cuatro meses.

El bebé

Chupetes en la cama

Si el niño todavía usa chupete a los cinco o seis meses y se despierta varias veces a lo largo de la noche porque se le ha caído, déjale varios en la cama a la hora de dormir para que tenga más posibilidades de encontrar uno por sí mismo. También puedes dejarle sin chupete cuando lo pierde; sería una buena oportunidad de empezar a acostumbrarlo a pasar sin él.

Nunca ates un cordón al chupete para colgarlo del cuello del niño ni atarlo a los barrotes de

El bebé

la cama; puede ser peligroso, ya que el cordón podría enredarse en el dedo del niño, en su puño o cuello, y provocarle heridas e incluso la muerte.

👋 Sustituye los chupetes viejos antes de que estén demasiado usados. Cuando al niño le salen dientes nuevos, es capaz de separar la tetilla de un chupete viejo del disco o mascar las piezas hasta arrancarlas. Estos trozos sueltos podrían causarle asfixia si no los tragara por el conducto adecuado. Por lo tanto, vale más comprar chupetes nuevos antes de que los viejos se vuelvan blandos o quebradizos.

👋 Limpia a menudo los chupetes con agua caliente jabonosa. Pueden contaminarse con Candida, el hongo que provoca las aftas (ver página 446-447). Si el niño desarrolla aftas, deberás esterilizar el chupete sumergiéndolo en agua hirviendo durante 10 minutos para eliminar cualquier resto de la infección.

Dermatitis seborreica infantil

¿Qué es esa cosa de aspecto sarnoso en la cabeza del bebé? Yo siempre lo he llamado caspa infantil, pero su nombre correcto es dermatitis seborreica infantil. Es bastante común y normalmente se marcha por sí solo en unas semanas. Sin embargo, los casos más graves pueden afectar otras partes del cuerpo, sobre todo la cara, y provocar picor. En general, se elimina lavándolo con agua y jabón suave, pero si se seca, se puede probar con un poco de aceite de oliva. Después de un par de tratamientos con aceite de oliva, dos de mis hijos se libraron de esta afección. Pero si se extiende, debes hablar con el pediatra.

Congestión mamaria

La congestión mamaria se caracteriza por unos pechos hinchados y duros. Si el bebé come frecuentemente, lo más probable es que la congestión se alivie en 48 horas. Para mantener la areola blanda para que el niño pueda agarrarse para mamar, prueba los siguientes remedios:

- Aplicar calor húmedo al pecho antes de dar de mamar, sacando el suficiente calostro o leche para ablandar la areola.
- Ponerte bajo la ducha caliente de espaldas al chorro, de forma que el agua te caiga por la espalda, hombros y pecho. Exprimir o sacar leche mientras estás en la ducha.
- Puede que tengas que limitar el tiempo de lactancia en el primer pecho para asegurarte de que el niño seguirá con el segundo pecho en la misma toma.
- Las compresas frías (sirven igual las bolsas de verduras congeladas) pueden aliviar el dolor y la hinchazón si se usan después de dar el pecho.

El bebé

Un buen suministro de leche

La cantidad de leche que la madre produce está directamente relacionada con la cantidad de estimulación que reciben las mamas. El tiempo de lactancia no se debería limitar; lo ideal sería que a cada toma usaras ambos pechos, empezando una vez por uno y la siguiente por el otro y asegurándote de que el primero se ha vaciado antes de seguir con el otro. Si el niño todavía tiene problemas para agarrarse al tercer día de vida, consulta con un experto en lactancia. Recuerda que las madres que amamantan necesitan ingerir mucho líquido. Si bebes algo

El bebé

cada vez que des el pecho a tu hijo, te mantendrás hidratada; pero debes evitar la cafeína y el alcohol, que favorecen la pérdida de líquidos. Interesa que la orina tenga un color pálido.

La lactancia mejora si la madre está cómoda y relajada durante las tomas. También es importante que el bebé tenga una posición adecuada con respecto al pecho, para evitar que los pezones se irriten y asegurar un buen suministro de leche. No te olvides de:

- Buscar una posición cómoda, sentada o tumbada. El vientre del niño debería quedar delante del tuyo.
- Aguantarte el pecho con la mano, el pulgar encima y los demás dedos debajo.
- Estimular al niño para despertar su interés, haciéndole cosquillas en los labios para que abra la boca y llevarlo enseguida al pecho.
- Tener paciencia y no desistir; es una habilidad que se va adquiriendo.
- A cada toma, asegurarte de que el pezón y buena parte de la areola están bien introducidos en la boca del niño.

El bebé

Pezones irritados

Los pezones normalmente se irritan debido a una posición incorrecta en la lactancia. Si notas irritación, revisa tu postura y sigue estos pasos:

- El bebé debe mamar primero del pezón menos irritado.
- Las tomas breves y frecuentes son mejores que las largas y espaciadas.
- Cambia la posición en que das el pecho para dejar que las mandíbulas del niño ejerzan presión sobre las zonas menos irritadas.
- Recuerda separar al niño de la mama interrumpiendo la succión con el dedo.
- Después de cada toma, limpia el pezón para que no quede saliva del niño, exprime unas cuantas gotas de leche sobre el área del pezón para contribuir a que se cure y airea los pechos unos 15-20 minutos.

El bebé

Indicios positivos

Algunos indicios de que la lactancia es correcta son:

- El niño come bien de 8 a 12 veces cada 24 horas.
- Su orina es de color pálido.
- Moja los pañales al menos seis veces cada 24 horas después del tercer día. Si el niño no ensucia como mínimo seis pañales cada 24 horas, llama al pediatra.
- Las deposiciones son blandas y de color mostaza al final de la primera semana; pueden ser frecuentes y la cantidad es variable.
- El niño recupera el peso del nacimiento a las dos o tres semanas y sigue ganando peso a un ritmo constante.

El bebé

¿Problemas para dar el pecho?

Aunque yo di el pecho a todos mis hijos, he hecho suficientes veces de canguro para saber que la alimentación con biberones también va muy bien. Si no puedes o no quieres dar el pecho, aquí tienes unos cuantos consejos que te pueden ayudar:

✋ A la mayoría de los bebés les gusta que el biberón esté tibio; puedes ponerlo debajo de agua caliente unos minutos y aplicarte después unas gotas en el pulso para comprobar la temperatura.

✋ Para que el niño trague la mínima cantidad de aire posible, inclina el biberón para que la leche llene la tetina y el aire ascienda hasta el fondo.

✋ Mantén la cabeza del niño recta en relación con el resto del cuerpo. Si bebe con la cabeza ladeada o inclinada hacia atrás, le costará mucho más tragar.

✋ Para disminuir la fatiga del brazo y para que tu hijo te vea desde diferentes ángulos, cambia de brazo en cada toma.

✋ Vigila por si observas indicios de que el agujero de la tetina es demasiado pequeño o demasiado grande. Si al niño de golpe se le llena la boca de leche y la escupe violentamente y casi se asfixia al

El bebé

tomar el biberón, puede que el chorro de leche salga demasiado deprisa. Vuelca el biberón cabeza abajo sin agitarlo; si la leche sale a chorro en vez de a gotas, señal de que el agujero es demasiado grande y debes desechar la tetina. Si parece que al niño le cuesta trabajo succionar, se cansa durante la toma y las mejillas se le hunden por el fuerte vacío que se crea, puede que el agujero sea pequeño; el producto debe salir a razón de una gota por segundo.

Hay que saber cuándo terminar; los niños saben cuándo tienen bastante. Si el niño se queda profundamente dormido casi al final de la toma, pero no se ha terminado el biberón, hay que parar. A menudo entran en un sueño ligero hacia el final, pero siguen succionando nerviosamente. Retira el biberón y dales a chupar la punta del dedo durante unos minutos.

El bebé

Pañales textiles: a favor

Reutilizables y fabricados en suave algodón, son el tipo de pañales pasados de moda que usaba la abuela, y tal vez también nuestra madre. Pueden presentarse ya doblados, con una tira central más absorbente que las laterales; o bien extendidos, de forma que puedas doblarlos a la medida que desees. Deben usarse con algún tipo de protección impermeable para que la ropa del bebé no se moje. Hay varias marcas que combinan el pañal de algodón con una funda incorporada.

Las defensoras de los pañales de algodón afirman que son más cómodos (es decir, más suaves), más saludables (porque no contienen productos

El bebé

químicos) y más respetuosos con el medio ambiente, porque pueden volver a usarse y no terminan colapsando los vertederos.

👋 Son más prácticos por varios motivos: si usas un servicio de pañales a domicilio, cada semana te entregan una bonita pila de pañales limpios y blanquísimos, y no tienes que trasportar los enormes paquetes de la tienda a casa.

👋 Con los pañales textiles también ahorras dinero. Los desechables pueden costarte entre 50 y 100 euros al mes, según la edad del niño, por lo que al cabo de tres años puedes haber gastado 1.800 euros sólo en pañales. En cambio, si compras cuatro docenas de pañales a unos 25 euros la docena, más una serie de protectores impermeables, y los lavas en casa, pueden costarte sólo 300 euros en tres años. Por supuesto, el servicio de pañales puede costarte hasta 50 euros al mes, así que en tres años podrías gastar unos 900 euros, más 90 euros en protectores impermeables.

El bebé

Pañales textiles: en contra

Antes de que te felicites por ahorrar a la Tierra (y a tu familia) unos cuantos billetes prefiriendo los pañales textiles, deberías tener en cuenta que las razones no son tan simples.

En primer lugar, los argumentos medioambientales son discutibles. Los pañales de algodón requieren un gasto de energía y de agua para lavarlos, lo que puede convertirlos en una desventaja desde el punto de vista ecológico, sobre todo en las zonas donde estos recursos escasean. Casi todo el algodón necesita grandes cantidades de pesticidas para su cultivo. Por otra parte, los servicios de pañales puede que usen productos químicos fuertes o cloro para lavarlos, y los camiones emplean gasolina para repartir las mercancías y vierten contaminantes al aire al circular por toda la ciudad. También puedes comprar pañales de algodón ecológicos para evitar el problema de los pesticidas, pero resultan más caros. Si no utilizas el servicio de pañales y los lavas con detergentes ecológicos y los secas en el tendedero reducirás el coste ecológico.

El bebé

👶 Los pañales textiles también comportan trabajo adicional: si utilizas un servicio de pañales, debes dejar los sucios para que te los recojan cada semana, y probablemente deberás plegarlos antes de guardarlos. Si reutilizas tus propios pañales de algodón, tendrás que lavarlos. Esto no es tan malo como parece: sólo hay que tirar toda la materia fecal al váter, dejar los pañales en remojo en un cubo de agua con vinagre o bicarbonato, y luego incorporarlos a la colada.

👶 En cuanto a la comodidad del bebé, si no eres muy estricta cambiando los pañales cuando están mojados, el pequeño puede acabar sufriendo una dermatitis del pañal (ver páginas 470-471).

👶 A menos que los protejas muy bien con impermeable, los pañales de algodón pueden tener más pérdidas que los desechables.

👶 Para terminar, muchas guarderías no utilizan pañales de algodón, por cuestiones prácticas y de higiene, por lo que en tal caso deberás comprar desechables para la guardería, aunque en casa uses los textiles.

El bebé

Pañales desechables

A mí me encantaba usar los pañales de algodón con mis pequeños, pero prefería los desechables para los viajes largos y la noche. Así pues, ¿qué es lo que tienes que hacer? Probar ambas versiones y ver la que más te convenga. En mi caso, a medida que el niño crecía, cada vez prefería más los pañales textiles, porque con ellos aprendió mucho más rápido a usar el orinal. Además, no me gusta nada aquella especie de gel que sale de los pañales desechables durante las noches especialmente prolíficas, y con los pañales de algodón siempre tenía algo a mano para una dermatitis.

Las ventajas de los desechables son su facilidad de uso: son muy fáciles de poner y quitar, los encuentras en todas partes y los usan la mayoría de las guarderías. Retienen

El bebé

mucha más orina y se ajustan mejor y más cómodamente que los textiles, con lo que se evitan las pérdidas. Muchas personas dicen que los desechables son mejores para evitar la dermatitis del pañal porque absorben la orina rápidamente y la atrapan en capas de forma que no permanece en contacto con la piel del bebé. Lo mejor de todo es que te evitas poner los pañales sucios con la colada diaria.

Las desventajas son, en primer lugar, que son más caros (ver página 463). En segundo lugar, llenan los vertederos de materia plástica que tiene una descomposición lenta y de heces infantiles que contaminan el agua. En tercer lugar, el año pasado un estudio realizado en Alemania sugirió una posible relación entre los pañales desechables y el cáncer de testículos y la baja cantidad de esperma cuando los niños son mayores. Conviene investigar más, pero estos estudios deberían hacernos reflexionar. En cuarto lugar, muchos padres no cambian los pañales desechables tan a menudo como deberían porque no se dan cuenta de que el niño se ha ensuciado.

Accesorios para los pañales

¿Acaso pensabas que con los pañales ya había suficiente? Pues aquí tienes una serie de accesorios que puedes necesitar también.

👋 Las bolsas para llevar pañales se presentan en una variedad de estilos y tamaños, desde mochilas a sacos marineros. Muchas incorporan una colchoneta para cambiar los pañales, de material lavable, con tiras de ajuste, amplios bolsillos y departamentos para los biberones. Hoy en día las hay en colores variados y unisex; pero también se encuentran las bolsas tradicionales con motivos distintos para niño o niña. También hay elegantes modelos en negro, muy discretos, que bien podrían pasar por una maleta. Según las prestaciones, el precio puede oscilar de 12 euros a más de 90 euros.

👋 Las toallitas húmedas son muy prácticas para limpiar el culito del bebé. Para un recién nacido, conviene usarlas sin perfume ni alcohol, para que no irriten su sensible piel. También puedes usar una toalla mojada en agua caliente o pañuelos de

El bebé

papel resistentes. Cuando el niño es mayor ya tolera las toallitas con perfume; sólo debes tener la precaución de dejar de usarlas si le sale dermatitis, escamas u otra señal de irritación en el culito. Recuerda que no debes usar toallitas si el niño sólo ha hecho pis, y en todo caso, límpiale con suavidad.

Un calentador de toallitas no es precisamente una «necesidad», pero sobre todo en las frías noches de invierno parece que da cierto confort. Sólo hay que enchufar el aparato (la mayoría gastan muy poco) e introducir las toallitas, que se calientan a una temperatura muy agradable. La mayoría de los modelos cuestan unos 18 euros.

Diarrea y dermatitis del pañal

Las evacuaciones intestinales irritantes de un acceso de diarrea a veces provocan una dermatitis muy irritante alrededor del ano o un leve sarpullido en el culito. El tratamiento es bien simple y se basa en cambiar los pañales enseguida que se ensucien. Hay que lavar las zonas irritadas o excoriadas con agua tibia, secarlas con ligeros golpecitos y aplicar una gruesa capa de crema hidratante o un ungüento hecho con vaselina y lanolina. Si esto no funciona, hay que desterrar los pañales y exponer al aire la zona afectada. Parece que en algunos casos poco se puede hacer mientras el niño tenga diarrea. Pero por suerte este tipo de dermatitis suele curar por sí sola en cuanto la diarrea desaparece. Sin embargo, debería verle el pediatra si observamos que la dermatitis persiste o empeora a pesar del tratamiento, cuando el niño ya no tiene diarrea, o si parece sufrir mucho dolor. Es una buena idea tener siempre gran cantidad de toallitas limpiadoras a mano para no encontrarse que no quedan cuando en plena noche al niño de ocho meses le sobreviene de repente

El bebé

un ataque de diarrea. Cuando el niño deje atrás los pañales porque ha aprendido a usar el orinal, las toallitas pueden destinarse a otros usos, por ejemplo al lavado de las manos y la cara.

Glosario

Alfafetoproteína (AFP) Antígeno presente en el feto. Los análisis sanguíneos de AFP se realizan a las 15-17 semanas de gestación para detectar defectos en el tubo neural y el síndrome de Down.

Amniocentesis Prueba en la que se toma una muestra de líquido amniótico para determinar si el niño tiene alguna alteración cromosómica o inmadurez pulmonar fetal. Se realiza a partir de la 15ª semana de embarazo.

Analgesia controlada por el paciente (PCA) Medicación administrada de forma que la propia madre puede regular la cantidad de analgésico que necesita a través del suero.

Cérvix Cuello del útero.

Cesárea Parto quirúrgico que consiste en una incisión en la pared abdominal y el útero de la madre.

Contracción de Braxton Hicks Contracción uterina falsa, intermitente e indolora, que puede producirse cada 10-20 minutos y en cualquier momento después del tercer mes de embarazo. Lleva el nombre de John Braxton Hicks (1823-1897), ginecólogo británico que describió el fenómeno por vez primera en 1872.

Coronación Momento en que la cabeza del niño empieza a salir de la vagina.

Dilatación del cuello del útero Estiramiento y abertura de la entrada al útero.

Doula Asistenta experimentada en partos que proporciona apoyo emocional constante y asistencia antes, durante y después del nacimiento.

Ecografía Transmisión de ondas sonoras de alta frecuencia o ultrasonidos para trazar el perfil de varios tejidos del útero. Esta prueba se realiza a partir de las 18 semanas de embarazo, aproximadamente, mediante el uso de una sonda vaginal o abdominal, con la finalidad de evaluar el estado del embarazo.

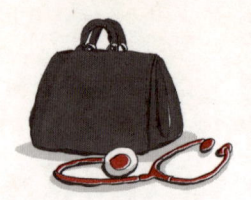

Edema Afección local o general por la que los tejidos corporales retienen demasiado líquido.

Epidural Anestesia local que se administra en la parte inferior de la columna vertebral (en el espacio epidural) para evitar que los mensajes de dolor lleguen al cerebro, de forma que se elimine parcial o completamente la sensación de dolor en el parto.

Episiotomía Incisión hecha en el perineo al final de la segunda fase del parto para evitar el desgarro y facilitar la salida del niño.

Estimulación Nerviosa Eléctrica Transcutánea (TENS) Método de estimulación eléctrica que proporciona cierto alivio del dolor durante el parto.

Factor Rhesus (Rh) Antígeno que se localiza en la sangre de algunas personas (llamadas Rh positivas) y que otras personas no poseen (Rh negativas). Puede atravesar la placenta y atacar a los glóbulos rojos del feto. Puede prevenirse con una medicación a base de inmunoglobulina Rh.

Hipertensión Se considera cuando la lectura de la presión sanguínea es de 140/90 o mayor, tomada en dos veces con un intervalo de seis horas.

Hipoxia Falta de oxígeno en el bebé.

Inducción o provocación Inicio del parto por medios artificiales.

Kegels Ejercicios que se basan en contraer y relajar los músculos de la base de la pelvis para ayudar a preparar el parto.

Monitorización fetal electrónica (MFE) Procedimiento de monitorización, ya sea interna o externa, que se usa para detectar posibles complicaciones durante el parto.

Biopsia de vellosidades coriónicas (BVC) Prueba que se realiza para detectar anormalidades cromosómicas en el niño y que consiste en recoger una muestra de las vellosidades de la placenta. Se realiza a partir de la 10ª semana de gestación.

Nalgas Presentación del bebé con las nalgas saliendo primero, lo que constituye una variación respecto a la posición normal cabeza abajo.

Perineo Piel que media entre la vagina y el ano.

Pitocina Medicamento usado para inducir o acelerar el parto a través de una estimulación potente y selectiva de los músculos uterinos y mamarios.

Placenta Órgano transitorio que asegura el feto en desarrollo en el útero y crea un puente para el intercambio de nutrientes, oxígeno, anticuerpos protectores y excrementos.

Placenta previa Situación en que la placenta se implanta sobre el cuello del útero; normalmente desemboca en cesárea.

Posición fetal Es la posición que adopta el niño en el útero, también llamada presentación.

Preeclampsia Desarrollo de hipertensión, proteinuria, hinchazón y/o cambios en algunos análisis de sangre. También se llama toxemia o hipertensión inducida por el embarazo.

Tapón mucoso Tapón de mucosa que sella la entrada al cuello del útero. Cuando se desprende, se produce una hemorragia y es indicio de que el bebé está en camino.

Test de Apgar Prueba que sirve para evaluar el estado del recién nacido durante los primeros cinco minutos de vida. Se puntúan de 0 a 2 la frecuencia cardiaca, la respiración, el tono muscular, el reflejo de irritabilidad y el color.

Tolerancia oral a la glucosa (prueba PTOG) Análisis de sangre para detectar una diabetes gestacional o una intolerancia a la glucosa. Se realiza a partir de la 28ª semana de gestación.

Direcciones de interés

Liga de la leche
Asesoramiento y apoyo en la lactancia.
www.lalecheleague.org/Espana.html
ww.lalecheleague.org

Acuario Clínica
Parto natural y en el agua
www.acuario.org
Tel. 966 47 62 60

Marenostrum
Centro de parto natural.
marenostrumcentredeparts@wanadoo.es
Tel. 93 302 29 15

Asociación de Doulas
Tel. 93 744 51 21

Asoc. Nacional de Educación Prenatal
Tel. 95 813 59 33

Asoc. Catalana de Llevadores
Tel. 93 310 15 64

International Childbirth Education Association (ICEA), Inc.
Reúne a personas que creen en la libertad de elección basada en el conocimiento de las alternativas para una maternidad centrada en la familia y el cuidado del recién nacido.
www.icea.org

International Cesarean Awareness Network (ICAN), Inc.
Organización sin ánimo de lucro creada para mejorar la salud de la madre y el niño con el fin de evitar cesáreas innecesarias; promueve los partos vaginales después de cesárea.
www.ican-online.org

The Bradley Method
Método Bradley de parto natural.
www. bradleybirth.com

Asoc. Dando a Luz
dandoaluz@sinectis.com.ar
www.dandoaluz.com.ar

Lecturas recomendadas

Eisenberg, Arlene; Murkoff, Heidi; Hathaway, Sandee. *Qué se puede esperar cuando se está esperando*. Ediciones Medici. Barcelona, 1997.

Balaskas, Janet. *El embarazo natural*. Integral-RBA. Barcelona, 1990.

Guzmán, Caty. *Masaje para ti y tu bebé*. Océano Ambar. Barcelona, 2002.

Jay, Roni. *El hogar de mi bebé*. Océano Ambar. Barcelona, 2004.

Martínez, Susana. *101 consejos para mamás primerizas*. Océano Ambar. Barcelona, 2003.

Nagle, Doreen. *Todavía puedo ser mamá*. Océano. Barcelona, 2004.

Iovine, Vicki. *Nueve meses y 9000 dudas*. Plaza & Janés Editores. Barcelona, 2000.

Kitzinger, Sheila. *Embarazo y nacimiento*. McGraw-Hill / Interamericana de España. Madrid, 1991.

Kitzinger, Sheila. *Nacer en casa*. McGraw-Hill / Interamericana de España. Madrid, 1993.

Palomas, Mª Teresa. *Yoga y embarazo*. Océano Ambar. Barcelona, 2002.

Ortemberg, Adriana y Ortrud Lindemann. *El primer año de mi bebé*. Océano Ambar. Barcelona, 2002.

Ortemberg, Adriana y Ortrud Lindemann. *Embarazo y parto natural*. Océano Ambar. Barcelona, 2003.

Índice

a

abdomen
    músculos, 107-109
    rigidez, 280
abdominales, 109
accesorios, 217
aceite de castor, 375
acidez de estómago, 18, 31, 42-46, 321
acné, 274, 449
acupuntura, 407
aftas, 446-448, 453
ahorro, 295
ajo, 59
alcohol, 142-143
alergias, 11, 131
alfafetoproteína (AFP), 222-223, 472
alimentos, compra de, 133
amniocentesis, 224, 472
analgesia controlada por el paciente, 403, 473
anemia, 74
ansiedad, 330-331
antiácidos, 44
antibióticos, 238-239, 258
antojos, 25, 118
Apgar, test de, 416-417, 472
arañas vasculares, 273
aromaterapia, 10, 36
asientos para coche, 297, 302, 306, 314
asistencia sanitaria, 220-221
ayuda en el posparto, 429
ayudantes, lista de, 314
azúcar, 116, 150
    en sangre, 49, 118, 139, 408

b

baile, 104
bañeras, 306
baños, 48, 54, 57, 415, 441, 442
batidos, 23, 49, 120
bebidas, 235
    agua, 50, 90-91, 146-147
    ardor de estómago, 42, 46
    V. también *té* e *infusiones*
biberón, 460-461
bicarbonato sódico, 28, 54, 55
blazers, 213
bolsa para el hospital, 314-315, 340-341
Braxton-Hicks, contracciones de, 265, 267, 318-319, 472
brazos, elevación de, 106
Brown, Bobbi, 188

c

cafeína, 42, 144
calambres en las piernas, 27, 51, 53, 110
calcio, 53, 137, 152
caminar, 88, 97, 100, 330, 373

caput succedaneum, 411
cesárea, 392, 400-403, 404, 405, 414, 420, 425, 472
chuparse el dedo, 450
chupetes, 448, 450-453
ciática, 84, 290-291
cinturón de seguridad, 180
circuncisión, 436-438
clases, 105, 310, 344, 345, 378
cloasma, 272
cochecitos, 296, 299, 307
cocina, utensilios de, 134-135
cocinar, 41
comadrona, 221, 358
comida, 114-163
    antojos, 25, 118
    comidas en familia, 140-141
    comidas regulares, 139
    después del embarazo, 424
    etiquetas, 155
    insomnio, 63
    lactancia, 119
    mareos matinales, 20-26, 30-31, 34, 39, 41
    picante, 375
compañero, 140-141, 263, 378-381, 384-385, 388, 402
    como intermediario, 431
    comunicación, 432
    consejos para el, 310-311
    críticas, 427
    permiso de maternidad, 429

preocupaciones, 426
ropa, 167
compras, 47, 89, 186, 296-300
congestión mamaria, 455
contracciones, 364-365, 367-374, 381-389, 415
   de Braxton-Hicks, 265, 267, 318-319, 472
cordón umbilical, 440-443
cunas, 302, 304, 316, 425

d

dentífrico, 16, 28
depresión posparto, 434-435
dermatitis,
   del pañal, 465, 467, 470-471
   seborreica infantil, 454
desproporción cefalopélvica, 401
diabetes, 226-227, 234-235
diarrea, 365, 470-471
Dick-Read, método, 350
dientes, 16, 28, 152-153, 238-239, 294
dilatación del cuello del útero, 332-333, 366-369, 472
dolor,
   de espalda, 27, 45, 56-58, 83, 93, 108-109, 290-291, 365
   medicación, 347, 349, 394-399
   posparto, 414-415
   superar los temores, 344
   V. también *epidural*
dolores del ligamento, 279
doulas, 339, 346, 424, 430, 472
Drano, prueba del, 276
Duramorph, 403

e

ecografías, 231, 232-233, 473
ejercicio, 51, 64-113, 285, 421
   andar, 88, 97, 100, 330, 373
   deportes peligrosos, 72
   natación, 27, 99, 172-173, 406-407
   ropa, 67
ejercicios con pesas, 100-102
   en cuclillas, 96, 401
   para la base de la pelvis, V. *Kegels*
   para la columna, 93
embolismo, 247
enfermedades infecciosas, 236-237
enfriamiento, 69
epidural, 346, 379, 394-397, 402, 408, 472
episiotomía, 409, 412-413, 415, 473
equilibrio, 323
estiramientos de pantorrilla, 110
estreñimiento, 50-52, 84
estrías, 191, 270-271
evacuación intestinal, 52, 420-421
extracción por succión, 410-414

f

factor Rh, 240-241, 473
fórceps, extracción mediante, 410-411
frecuencia cardiaca, 276-277
frigorífico, 138
fruta, 22, 50, 117, 120, 129, 130, 146-147, 151, 162-163

g

grasas, comida baja en, 148-149

h

hamamelis, agua de, 55
hemorragias nasales, 286-287
hemorroides, 52, 54-55, 199, 420
hierbas, remedios, 10, 54, 61-62, 374
hinchazón, 75, 89, 215, 254, 255
hipertensión, 242-243
   V. también *preeclampsia*

Hoffman, técnica, 354
homeopatía, 11, 32-33, 407
huevos, 126-127
humor, cambios de, 282

i

incontinencia, 420
infusiones, 19, 24, 35, 42, 46, 49, 61, 145
insomnio, 63
instinto maternal, 329
intolerancia a la lactosa, 154

j

jadeos, 389
jengibre, 35, 118
jogging, 98

k

Kegel, ejercicios, 92, 420, 421, 473

l

lacrimales obstruidos, 444-445
lactancia, 352-355, 408, 418-419, 455-461
leche, 44, 46, 124-125, 139, 154
limones, 22, 55, 139
linea nigra, 272
lochia, 414-415

m

manicura, 192
maquillaje, 188, 211
mareos matinales, 12-41, 118, 139
mareos, 47-49, 68, 69, 70, 74, 101
masajes, 57, 192, 290, 336-337, 354
medias, 182, 214, 254
   de compresión, 182, 254
mellizos, 124-127, 253, 257
membranas, rotura de, 276
menta, 19
método Lamaze, 350-351
monitorización fetal electrónica, 392-393, 472
movimientos del bebé, 275
música, 390, 406

n

nalgas, bebé de, 113, 404-407, 472
natación, 27, 99, 172-173, 406-407
niños mayores, 140-141, 439
nistatina, 446-447

o

orinar, necesidad de, 258-259, 276, 321, 420

p

palmar erithema, 273
pan, 130, 155, 162-163
pañales, 301, 462-469
   bolsas, 468
   cubos, 306, 316
   toallitas, 468-469, 471
parto en domicilio, 358-359, 361
parto natural, 346, 349
parto, 362-421
   asistentes, 378-381
   centros, 361
   consejos de entendidos, 430
   fase de transición, 369
   fase latente, 366-367
   fase media, 368
   indicios de parto, 364-365
   natural, 346, 349
   planes, 346-347, 348, 356, 380
   prematuro, 257, 264-267, 280
pedicura, 192, 338
pelo,
   coloración / permanente, 334-335
   peinados, 189

pelvis, presión en la, 322
  balanceo, 56
  inclinación, 108
pescado, 136-137, 160
peso,
  aumento, 122-123
  pérdida, 79
  exceso de, 408
pezones,
  estimulación, 374
  fortalecimiento, 353
  invertidos, 354
  irritados, 458
picor, 271, 283
piel, 270-274
  cuidados, 191
  picor, 271, 283
  sensibilidad, 216
pitocina, 230, 377, 397, 473
pizza, 158-159
plátanos, 120
polos,
  de calabaza, 121
  helados, 39, 121
portabebés, 307
postres, 151, 161
postura, 45, 97, 108
precalentamiento, 68
preeclampsia, 73, 75, 242-245, 258-259, 473
presión sanguínea, 242-243
programa de audio, 36

proteínas, 124-127
proteinuria, 258-259
provocación del parto, 229, 230, 372-377, 473
prueba,
  de la tolerancia oral a la glucosa (PTOG), 226-227, 234, 473
  del estrés, 230
  para descartar el estrés, 228-229
puntos de presión, 18
quiropráctico, 290, 407

r

rayos X, 238
recién nacido, 422-471
  niños mayores, 439
  peso, 408
  test de Apgar, 416-417, 472
  vínculos, 433
relajación, 95, 384-385
reposo en cama, 260-263
resfriados, 59-62, 236
respiración, 81, 112, 330, 363, 388-389, 394
restaurantes, 130-131
romper aguas, 317, 365, 369, 377
ropa interior, 168-169, 199-200
ropa, 67, 164-217

canastilla, 262
clásica, 187
color, 209
compra por Internet, 186
despilfarrar, 185
después del embarazo, 205
esencial, 184, 205
estilo, 203
favorecedora, 212
garantía y devoluciones, 208
mezclas y combinaciones, 174-175, 205
mujer alta, 170
mujer bajita, 171
niño, 303, 314-315
ofertas, 179
premamá, 178
presumir de barriga, 193
salidas nocturnas, 183, 210-211
superposición, 181
tallas, 177, 196

s

seguro de vida, 308
sexo, 246-249, 373
sexo del bebé, determinación del, 12, 276-277, 303, 324-325
sillas, 215, 305, 391
sopas, 20-21, 156-157

sostenes, 67, 168, 347954-355, 418
sueño, 26, 57, 63, 330
   ardor de estómago, 43, 46
   después del embarazo, 425, 431
   mareo matinal, 29
   ronquidos, 288-289
   segundo trimestre, 284-285, 292-293
sueños, 278

t

tapón de mucosa, 246, 364-365, 473
té, 22, 24, 62, 118, 144, 146
tejanos, 190, 198
tejidos, 197, 204
temperatura corporal, 76
TENS, 398-399, 473
testamento, 309
tiempo caluroso, 49, 71, 89
toxoplasmosis, 236-237
trabajo,
   comida, 132
   desde casa, 251
   durante el embarazo, 250-251
   mareos matinales, 14-17
   ropa, 178, 179, 202, 207
   sillas, 215
   viajes, 14
trajes de baño, 172-173

u

uñas, 338

v

vagina,
   ecografías, 231
   infección, 199
   sangrado, 73
vapores, inhalación, 60
vegetarianas, 11
vellosidades coriónicas, biopsia de, 225, 472
verduras, 50, 117, 121, 128-129, 132
viajes, 14
   cinturón de seguridad, 180
   en avión, 252-256
vientre, tocar, 328
vínculos, 433
visión borrosa, 73, 74
visualización, 386-387
vitaminas, 40, 59, 119, 124, 136
vuelos, 252-256

y

yoga, 68, 80-86
yogur, 44, 53, 125, 151, 154

z

zapatos, 58, 67, 97, 176, 194-195, 255

Agradecimientos

En primer lugar quisiera dar las gracias a mis hijos, Matt, Lydia, Alex y Liam, por haberme brindado los cuatro embarazos y partos naturales más placenteros que una madre pueda desear. También deseo dar las gracias a mi marido, John Hogan, por haberme ofrecido su constante apoyo y sus buenos consejos en momentos de tanto agobio.

    Y también a todas las madres y padres que han contribuido a esta obra con sus consejos e ideas, a quienes estoy verdaderamente agradecida por su buena disposición a compartir sus experiencias. Así como a Rebecca Saraceno, Mandy Greenfield, Sophie Collins y Patty Moosbrugger, que convirtieron la escritura de este libro en un placer y una experiencia instructiva.